Bildwörterbuch Deutsch für Pflegekräfte

In der häuslichen Pflege und im Pflegeheim.
Mit den Sprachen Bulgarisch, Kroatisch, Polnisch, Rumänisch und Serbisch als Download.

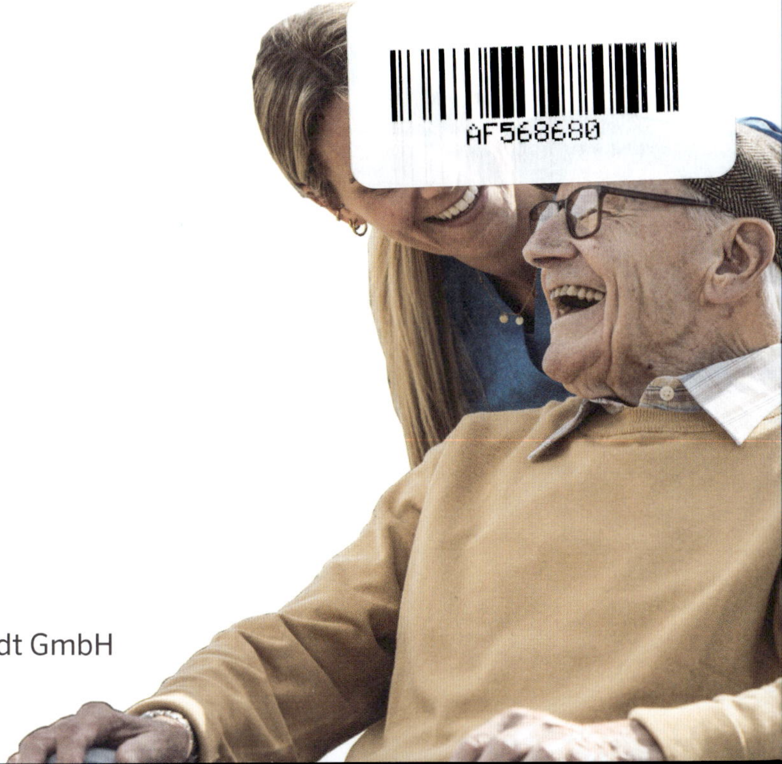

PONS
Langenscheidt GmbH
Stuttgart

LEICHTER KOMMUNIZIEREN MIT BILDERN

Liebe Leserin, lieber Leser,
wie wichtig die Bedeutung von Bildern ist, wenn es um das Merken von Begriffen geht, wissen wir seit Jahren aus der Lernpsychologie. Kennen Sie das? Wenn Sie ein Bild zu einem Wort sehen, bleibt das Wort viel schneller im Gedächtnis haften, als wenn es nur geschrieben dasteht. Und wenn es darum geht, in einer fremden Sprache Wortschatz nicht nur nachzuschlagen, sondern auch zu verstehen und ihn sich zu merken, unterstützen die Bilder Sie dabei, sich die Wörter schneller und besser einzuprägen. Das hat ganz einfache Gründe:

→ **Bilder wirken schneller und direkter als reiner Text.** Schon als kleine Kinder denken wir in Bildern und können sie ganz intuitiv entschlüsseln, interpretieren und aufnehmen. Sind Bilder mit Wörtern verknüpft, bilden sie eine Einheit, die unser Gehirn mit hoher Effizienz verarbeitet und abspeichert.
→ **Bilder erleichtern und unterstützen das Verständnis.** Sie vermitteln Zusammenhänge und liefern uns deutlich mehr Informationen als nur Text alleine. Davon profitieren alle Seiten: sowohl die Pflegekraft, die zu pflegende Person, als auch die Angehörige.
→ **Bilder sind emotional.** Sie wecken unser Interesse, steigern unsere Motivation und bleiben besser im Gedächtnis haften als einzelne Wörter.

Gesehen, verstanden und schon gemerkt –
so leicht kann das Lernen sein. Überzeugen Sie sich selbst!

Ihre
PONS-Redaktion

SO ARBEITEN SIE EFFIZIENT MIT DEM BILDWÖRTERBUCH

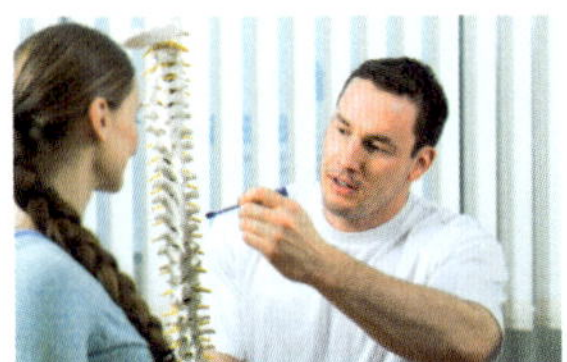

der **Orthopäde** -n
orthopaedist

der **Krankenpfleger** -
nurse

Anschauliche Bilder für eine reibungslose Kommunikation

Wörter werden schneller gemerkt, wenn man sie im Kontext lernt. Aus diesem Grund ist dieses Wörterbuch nach Themenfeldern aus dem Alltag der Pflegekraft gegliedert. Ganz gleich, was Sie gerade machen – ob Besprechung der Aufgaben oder Wundversorgung – betrachten Sie beim Lernen das Thema als Ganzes und versuchen Sie, möglichst viele Wörter aus dem Themenbereich aufzunehmen. Sie werden erstaunt sein, wie viel Wortschatz Sie sich in kürzester Zeit merken können.

Einfache Dialogbeispiele aus dem Alltag

Ob Betreuung im Pflegeheim, Krankenhaus oder zu Hause: In den 15 thematisch sortierten Kapiteln finden Sie, neben der reinen Wort-Bild-Zuordnung, die wichtigsten Sätze und Wortverbindungen (Kollokationen) für die häufigsten Situationen des Alltags der Pflegekraft. Prägen Sie sich die Schlüsselsätze ein und schon haben Sie den Grundstein für eine erfolgreiche Kommunikation gelegt.

Pluralformen gleich mitlernen

Die Pluralform (Mehrzahl) steht unmittelbar neben dem Stichwort. Um Platz zu sparen, haben wir diese bei regelmäßigen Pluralformen abgekürzt angegeben ***Tomate*** -n = Tomaten. Wenn die Pluralform identisch mit dem Singular ist, wird folgendes Symbol verwendet „-". Ist ein Wort nur im Singular gebräuchlich, steht „kein Pl" neben dem Stichwort. „Pl" steht, wenn ein Wort nur im Plural verwendet wird.

Es war uns wichtig, bei Berufsbezeichnungen Männer und Frauen gleichermaßen und gleichberechtigt zu berücksichtigen. Aus Platzgründen war es jedoch nicht immer möglich beide Geschlechter anzugeben. Dabei orientiert sich das Geschlecht des Wortes unter den Bildern immer am Geschlecht der abgebildeten Person.

SO ARBEITEN SIE EFFIZIENT MIT DEM BILDWÖRTERBUCH

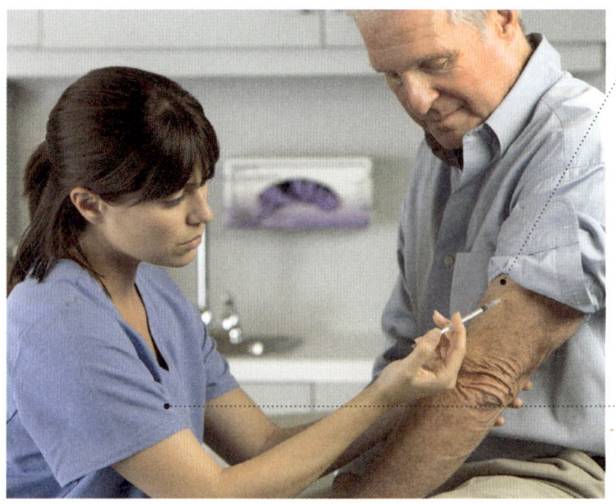

eine Spritze bekommen
to have an injection

eine Spritze geben
to give someone an injection

Schreiblinie für die Übersetzung in die Muttersprache

Für die Übersetzung in die Muttersprache steht bei jedem Stichwort eine Schreiblinie. Tragen Sie die Übersetzung eines Wortes in Ihrer Muttersprache ein, fügen Sie Gedächtnisstützen hinzu, oder ergänzen Sie weiteren Wortschatz aus demselben Themenfeld.

Schnell übersetzen

Wenn es schnell gehen muss, schlagen Sie im Index das gesuchte Wort nach. Dort ist jedes Stichwort in Deutsch und Englisch in alphabetischer Reihenfolge aufgeführt und im Nu gefunden. Außerdem können Sie kostenlos **Übersetzungen** für **Bulgarisch**, **Kroatisch**, **Polnisch**, **Rumänisch** und **Serbisch** herunterladen.

Vielseitig

Unser Bildwörterbuch kann nicht nur zum Lernen verwendet werden. Bilder sind universelle Sprache, die von allen Kulturen verstanden werden. Sollten Ihnen doch mal die Worte fehlen, zeigen Sie einfach auf das entsprechende Bild.

GESPRÄCHE MIT DEN PFLEGE-BEDÜRFTIGEN

SPEAKING WITH PATIENTS

SICH VORSTELLEN – INTRODUCING ONESELF

Herr ...
Mr ...

....

der ***Mann*** Männer
man

....

Frau ...
Mrs/Ms/Miss ...

....

die ***Frau*** –en
woman

....

ledig	single	
verheiratet	married	
geschieden	divorced	
verlobt	engaged	
verwitwet	widowed	
verwandt	related	
der **Name** –n	name	
der **Vorname** –n	first name	
der **Nachname** –n	last name	
das **Geburtsdatum** –daten	date of birth	
der **Geburtsort** –e	place of birth	
das **Geschlecht** –er	gender	
der **Familienstand** kein Pl	marital status	

der ***Pass*** Pässe
passport

der ***Führerschein*** –e
driver's licence

die ***Unterschrift*** –en
signature

das ***Dokument*** –e
document

ein Formular ausfüllen
to complete a form

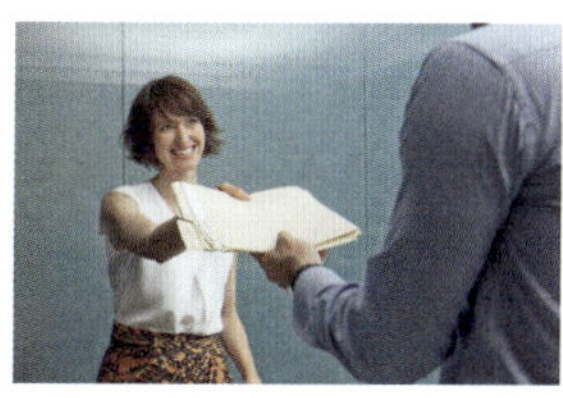

abgeben
to submit

das **Kind** –er	child	
das **Alter** –	age	
der **Beruf** –e	line of work	
das **Formular** –e	form	
die **Anrede** –n	form of address	
die **Staatsangehörigkeit** –en	nationality	
das **Land** Länder	country	
die **Anschrift** –en	(postal) address	

die **Adresse** -n	(postal) address	
der **Wohnort** -e	place of residence	
die **Straße** -n	road	
die **Hausnummer** -n	number	
die **Postleitzahl** -en	postal code	
die **Telefonnummer** -n	telephone number	
die **E-Mail-Adresse** -n	e-mail address	
der **Personalausweis** -e	ID card	
der **EU-Bürger** -, *die* **EU-Bürgerin** -nen	EU citizen	
die **Personalausweisnummer** -n	ID card number	
die **Passnummer** -n	passport number	
unterschreiben	to sign	
Frist einhalten	to keep the deadline	
Ja.	Yes.	
Nein.	No.	
Ja, bitte.	Yes please.	
Wie, bitte? Ich habe Sie nicht verstanden.	Pardon? I didn't understand you.	
Könnten Sie es bitte wiederholen?	Could you repeat that please?	

DIE WICHTIGSTEN SÄTZE – ESSENTIAL PHRASES

Mit diesen nützlichen Wörtern und Sätzen drücken Sie sich in den wichtigsten und häufigsten Situationen sicher aus.

IM GESPRÄCH – IN CONVERSATION

BEGRÜßEN – ON MEETING

Hallo!	Hello!	
Guten Morgen!	Good morning!	
Guten Tag!	Good morning/ afternoon!	
Grüß Gott!	Hello!	
Guten Abend!	Good evening!	
Servus!	Hello!	
Grüß dich!	Hello!	
Herzlich willkommen!	Welcome!	

SICH VERABSCHIEDEN – TAKING ONE'S LEAVE

Tschüs!	Bye!	
Auf Wiedersehen!	Goodbye!	
Gute Nacht!	Good night!	
Schlafen Sie gut!	Sleep well!	
Bis später!	See you later!	
Bis dann/gleich/ nachher!	See you then/soon/ later!	
Bis morgen!	Until tomorrow!	

SICH VERABSCHIEDEN – TAKING ONE'S LEAVE		
Bis zum nächsten Mal!	Till (the) next time!	
Bis nächste Woche!	See you next week!	
Ciao!/Adee!	Bye!	
Ich möchte mich verabschieden.	I would like to take my leave.	
Ich möchte „Tschüs" sagen.	I would like to say „bye".	
Kommen Sie bald wieder.	Come again soon.	
Schönen Tag noch!	I wish you a good day!	
Machen Sie es gut!	So long!	

NACH DEM BEFINDEN FRAGEN – ASKING AFTER THE PATIENT'S HEALTH		
Wie geht es Ihnen heute?	How are you today?	
Sind Sie heute fit?	Are you feeling fit today?	
Sie sehen müde aus.	You look tired.	
Geht es Ihnen heute gut?	Are you feeling well today?	
Was ist los?	Is there anything the matter?	
Fühlen Sie sich nicht gut?	Don't you feel well?	
Haben Sie gut geschlafen?	Did you sleep well?	
Hatten Sie eine schöne Zeit?	Did you have a nice time?	
Es geht Ihnen also gut.	So you're feeling well then.	
Das freut mich!	That's good!	

HÖFFLICHKEIT IM ALLTAG – EVERYDAY COURTESY

Wie geht es Ihnen?	How are you?	
Wie geht's?	How's life (with you)?	
Danke. Gut!	Very well, thank you.	
Das freut mich.	That's good.	
Ja.	Yes.	
Nein.	No.	
Ja, bitte.	Yes please.	
Wie, bitte? Ich habe Sie nicht verstanden.	Pardon? I didn't understand you.	
Könnten Sie es bitte wiederholen?	Could you repeat that please?	
Natürlich.	Of course.	
Einen Moment, bitte!	One moment please!	
Bitte warten Sie kurz!	Please wait a second!	
Ich bin gleich da!	I'll be there in a moment!	
Das mache ich gleich!	I'll do that now!	

SICH ENTSCHULDIGEN – APOLOGISING

Entschuldigung!	My apologies!	
Verzeihung!	I do apologise!	
Es tut mir leid!	I'm sorry!	
Machen Sie sich darü-ber keine Sorgen!	Don't worry about it!	
Das macht nichts!	That doesn't matter!	

WÜNSCHE – WISHING		
Alles Gute!	All the best!	
Schönes Wochenende!	Have a nice weekend!	
Viel Glück!/Viel Erfolg!	Lots of luck!/I wish you every success!	
Kommen Sie gut nach Hause!	Get home well!	
Ich wünsche Ihnen einen schönen Tag!	Have a good day!	
Machen Sie es gut!	So long!	

SICH BEDANKEN – THANKING		
Danke!	Thank you!	
Danke schön!	Thank you very much!	
Vielen Dank!	Thank you very much!	
Herzlichen Dank!	Thank you very much!	
Danke, gleichfalls!	Thanks, and (the same to) you!	
Bitte.	Please.	
Gerne!	I'd love to!	
Gern geschehen.	Glad to be of help.	
Danke für deine/Ihre Hilfe!	Thank you for helping!	
Das ist nett von dir/Ihnen!	That's nice of you!	
Nichts zu danken!	Don't mention it!	

ÜBER DAS WETTER REDEN – TALKING ABOUT THE WEATHER

sonnig
sunny

wolkig
cloudy

neblig
foggy/misty

windig
windy

warm
warm

kalt
cold

verschneit
snowy

regnerisch
rainy

bedeckt
overcast

DIE WICHTIGSTEN SÄTZE – ESSENTIAL PHRASES

Mit diesen nützlichen Wörtern und Sätzen drücken Sie sich in den wichtigsten und häufigsten Situationen sicher aus.

IM GESPRÄCH – IN CONVERSATION

ÜBER DAS WETTER REDEN – TALKING ABOUT THE WEATHER

Wie ist das Wetter?	What's the weather like?	
Es ist schön/trüb/ nasskalt.	It's nice/wet/cold and damp.	
Es regnet/schneit.	It's raining/snowing.	
Wir haben heute einen schönen Tag.	Nice weather today.	
Die Sonne scheint, sollen wir rausgehen?	The sun's shining, shall we go out?	
Ich fühle mich heute nicht gut.	I'm not feeling well today.	
Ich finde es etwas frisch heute.	It's a little chilly today.	
Es ist sehr warm heute.	It's very hot today.	
Es ist windig heute.	It's windy today.	
Es ist noch ziemlich kalt, das Wetter soll aber besser werden.	It's still a little cold, but they say it'll cheer up.	
Es ist schön mild heute.	It's quite mild today.	
Sollen wir uns die Wettervorhersage anschauen?	Shall we look at the weather forecast?	
Wir brauchen heute einen Regenschirm.	We'll need an umbrella today.	

ÜBER DAS WETTER REDEN – TALKING ABOUT THE WEATHER		
Es ist zu heiß. Wir können erst am Abend spazieren gehen.	It's too hot. We can't go for a walk until this evening.	
REDEMITTEL FÜR EIN BESSERES VERSTÄNDNIS – EXPRESSIONS FOR A BETTER UNDERSTANDING		
Sprechen Sie Deutsch?	Do you speak German?	
Ja, ein bisschen.	Yes, a little.	
Mein Deutsch ist nicht so gut.	My German is not so good.	
Nein, leider nicht. Ich lerne aber Deutsch.	No, sorry, but I'm learning German.	
Ich verstehe nicht.	I don't understand.	
Sagen Sie es bitte noch einmal.	Please say it again.	
Haben Sie das verstanden?	Did you understand that?	
Ja, das habe ich verstanden.	Yes, I understood it.	
Das habe ich nicht verstanden.	I didn't understand that.	
Könnten Sie bitte langsamer sprechen?	Could you speak more slowly?	
Was bedeutet das?	What does that mean?	
Wie sagt man das auf Deutsch?	How do you say that in German?	
Könnten Sie das bitte wiederholen?	Could you repeat that please?	
Könnten Sie mir das bitte aufschreiben?	Could you write that down for me please?	
Schreiben Sie das Wort bitte auf.	Please write down this word.	

BESPRECHUNG DER AUFGABEN – DISCUSSING THE TASKS

Gespräch mit den Angehörigen – Speaking with family members

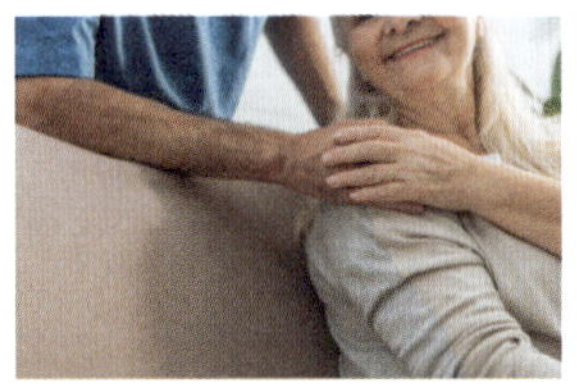

Gesellschaft leisten
to keep the patient company

spazieren gehen
to go for a walk

beim Anziehen helfen
to help the patient to dress

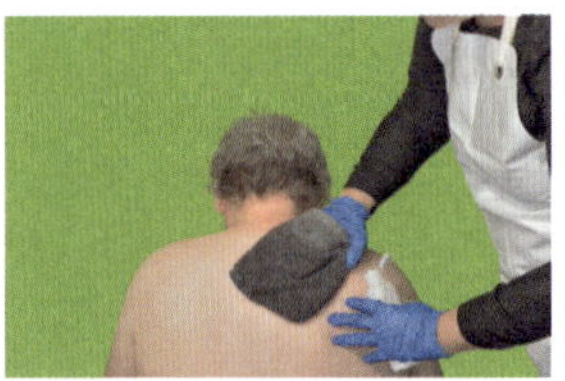

Patienten waschen
to wash the patient

die ***Wohnung putzen***
to clean the home

Wäsche waschen
to do the laundry

Gymnastikübungen
physical exercises

Medikamente geben
to administer medication

Freizeitbeschäftigung
free-time activities

die **Aufgabe –n**	task	
kochen	to cook	
Essen zubereiten	to prepare food	
Essen reichen	to serve food	
bei der Morgen- und Abendtoilette helfen	to help the patient with his/her morning and evening toilet	
bei der Intimpflege helfen	to help the patient with his/her intimate care	
im Haushalt helfen	to help in the home	
den Haushalt machen	to do the housework	
Einkäufe machen	to do the shopping	
zum Arzt begleiten	to accompany the patient to the doctor's	
zum Arzt fahren	to drive/ride to the doctor's	
in die Kirche begleiten	to accompany the patient to church	
dokumentieren	to document	
einen Tagesplan machen	to plan the day	
frei haben	to have the day off	
eine Pause machen	to take a break	

der **Tagesplan** –pläne
schedule for today

das **Frühstück** –e
breakfast

das **Mittagessen** –
lunch

der **Nachtisch** –e
dessert

das **Abendessen** –
dinner

der **Snack** –s
snack

der **Mittagsschlaf** kein Pl
afternoon nap

frühstücken
to breakfast

im Bett frühstücken
to breakfast in bed

Nachtisch essen
to eat a dessert

zu Abend essen
to eat dinner

sich ausruhen
to rest

beim Anziehen helfen
to help the patient to dress

zu Mittag essen
to lunch

Bett machen
to make the bed

aufwachen	to wake (up)	
aufstehen	to get up	
die **Morgentoilette -n**	morning toilet	
die **Abendtoilette -n**	evening toilet	
sich anziehen	to dress	

DIE WICHTIGSTEN SÄTZE – ESSENTIAL PHRASES

Mit diesen nützlichen Wörtern und Sätzen drücken Sie sich in den wichtigsten und häufigsten Situationen sicher aus.

IM GESPRÄCH – IN CONVERSATION

AUFGABEN UND TAGESPLAN – TASKS AND SCHEDULE

Was genau sind meine Aufgaben?	What am I to do exactly?	
Können Sie kochen?	Can you cook?	
Ich kann gut kochen.	I'm a good cook.	
Fahren Sie Auto?	Can you drive?	
Ich kann Auto fahren.	I can drive.	
Haben Sie einen Führerschein?	Do you have a driver's licence?	
Nein, ich habe keinen Führerschein.	No, I don't have a driver's licence.	
Herr Starck steht gegen 8 Uhr auf.	Mr Starck gets up just before 8 o'clock.	
Danach gibt es Frühstück.	He then has breakfast.	
Nach dem Frühstück geht Herr Starck spazieren.	After breakfast, Mr Starck takes a walk.	
Das Mittagessen ist um 12 Uhr.	Lunch is at 12 noon.	
Herr Starck macht einen Mittagsschlaf.	Mr Starck takes an afternoon nap.	
Um 18 Uhr isst Herr Starck zu Abend.	Mr Starck has his dinner at 6 o'clock.	

GEWOHNHEITEN - HABITS

Was isst Ihre Mutter gern zum Frühstück?	What does your mother like to eat for breakfast?	
Meine Mutter isst gerne Haferflocken.	My mother likes to eat porridge.	
Was macht Ihre Mutter am liebsten?	What does your mother like doing best?	
Sie ist sehr gerne im Park.	She loves to be in the park.	
Was isst Ihr Vater gerne?	What does your father like to eat?	
Er isst am liebsten Lasagne.	He likes lasagne best.	
Was darf Ihre Mutter nicht essen?	What should your mother not eat?	
Sie ist allergisch gegen…	She is allergic to …	
Hat Ihre Mama Hobbys?	Does your mum have any hobbies?	
Was macht Ihre Mutter gerne nachmittags?	What does your mother like doing in the afternoons?	
Sie sieht gerne fern.	She likes watching television.	
Liest Ihre Mutter gerne?	Does your mother like reading?	
Ja, sie liest gerne Zeitschriften.	Yes, she likes reading magazines.	
Ihre Mutter braucht einen geregelten Tagesablauf.	Your mother needs a set daily routine.	
Wir könnten zusammen einen Tagesplan machen.	We could draw up a daily schedule together.	

GEWOHNHEITEN – HABITS

sich viel bewegen
to exercise a lot

viel lesen
to read a lot

das ***Kreuzworträtsel*** –
crossword (puzzle)

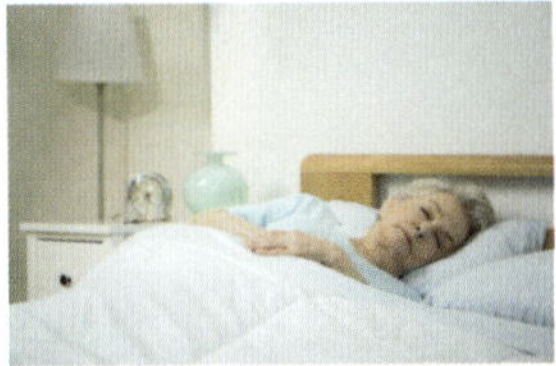

viel schlafen
to sleep a lot

fernsehen
to watch television

Freunde treffen
to meet friends

die ***Familie besuchen***
to visit the family

Kaffee und Kuchen
coffee and cake

Zeitung lesen
to read the paper

BERUFSERFAHRUNG – PROFESSIONAL EXPERIENCE

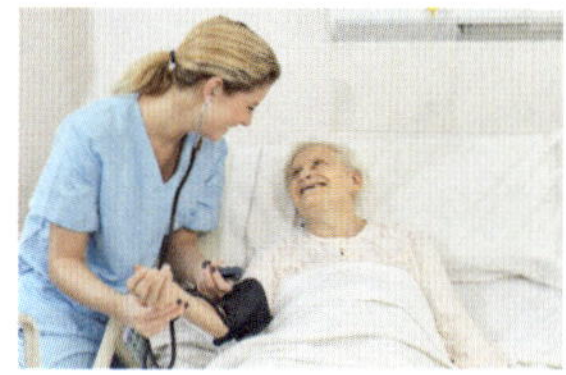

die ***Krankenschwester*** -n
die ***Pflegefachfrau*** -en
nurse

die ***Physiotherapeutin*** -nen
physical therapist

die ***Hausfrau*** -en
housewife

arbeitslos	unemployed	
die **Ausbildung** -en	(initial) training	
Erfahrungen sammeln	to pick up experience	
erfahren	experienced	
nicht erfahren	unexperienced	
der **Chefarzt** -ärzte *die* **Chefärztin** -en	senior consultant	
der **Oberarzt** -ärzte *die* **Oberärztin** -en	consultant	
der **Pflegedienstleiter** -/ **Pflegedirektor** -en *die* **Pflegedienstleiterin** -nen / **Pflegedirektorin** -nen	nurse manager	
der **Stationsarzt** -ärzte *die* **Stationsärztin** -nen	ward doctor	
der **Krankenpflegehelfer** - *die* **Krankenpflegehelferin** -nen	care assistant	

DIE WICHTIGSTEN SÄTZE – ESSENTIAL PHRASES

Mit diesen nützlichen Wörtern und Sätzen drücken Sie sich in den wichtigsten und häufigsten Situationen sicher aus.

IM GESPRÄCH – IN CONVERSATION

BERUFSERFAHRUNG – PROFESSIONAL EXPERIENCE

Welche Ausbildung haben Sie?	What are your qualifications?	
Was sind Sie von Beruf?	What is your line of work?	
Ich bin Krankenschwester von Beruf.	I'm a trained nurse.	
Ich habe Berufserfahrung als ...	I have working experience as a/an ...	
Zur Zeit arbeite ich als...	At present I'm working as a/an ...	
Ich bin arbeitslos.	I'm unemployed.	
Wie lange haben Sie als Krankenschwester gearbeitet?	How long did you work as a nurse?	
In Rumänien habe ich 10 Jahre lang als Krankenschwester gearbeitet.	I worked as a nurse for ten years in Romania.	
Ich habe als Hebamme gearbeitet. Jetzt bin ich Rentnerin.	I worked as a midwife. Now I'm a pensioner.	
Ich habe eine Ausbildung zur Krankenschwester gemacht. Ich arbeite seit 2 Jahren in der Altenpflege.	I am a trained nurse. I've been working in elderly care for two years.	

BERUFSERFAHRUNG – PROFESSIONAL EXPERIENCE		
Ich bin verwitwet.	I'm a widow.	
Ich habe 2 Kinder.	I have two children.	
Wir sind 10 Jahre verheiratet.	We've been married for ten years.	
Ich komme von den Philippinen.	I come from the Philippines.	

ANGEHÖRIGE INFORMIEREN – INFORMING FAMILY MEMBERS		
Ihrer Mutter geht es soweit gut.	Your mother's quite well on the whole.	
Ihrer Mutter /Ihrem Vater geht es nicht gut/schlechter.	Your mother/father is not feeling well/is feeling worse.	
Bitte kommen Sie so schnell wie möglich.	Please come as quickly as you can.	
Der Gesundheitszustand Ihrer Mutter hat sich verbessert/verschlechtert.	Your mother's health has improved/deteriorated.	
Ihr Vater braucht einen Termin beim Augenarzt/Kardiologen.	Your father needs to see an ophthalmologist/a cardiologist.	
Können Sie für Ihre Mutter … besorgen?	Could you get your mother some …?	
Ihre Mutter/Ihr Vater möchte, dass Sie kommen.	Your mother/father would like you to come.	
Alles in Ordnung. Machen Sie sich keine Sorgen.	Everything's okay. Please don't worry.	

BERUFE IM GESUNDHEITS-WESEN

HEALTHCARE PROFESSIONS

KRANKENHAUS – HOSPITAL

der ***Chefarzt*** –ärzte
senior consultant

der ***Stationsarzt*** –ärzte
ward doctor

die ***Stationsschwester*** –n
ward nurse

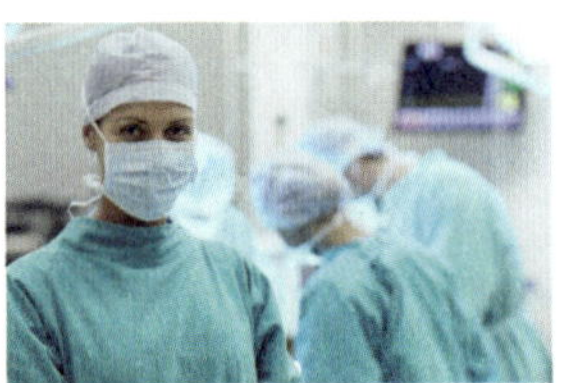

die ***OP-Schwester*** –n
theatre nurse

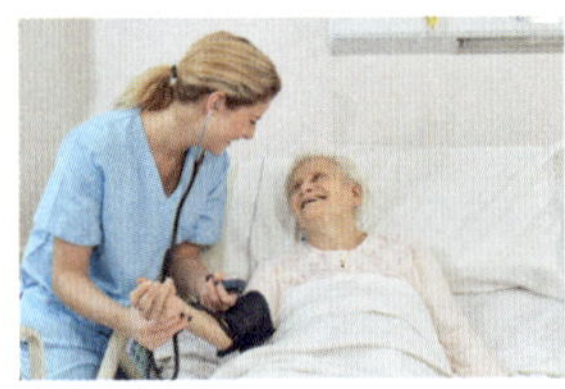

die ***Krankenschwester*** –n
nurse

die ***Krankenpflegerin*** –nen
nurse

der **Pflegeassistent** -en *die* **Pflegeassistentin** -nen	care assistant
der **Krankenpflegerschüler** - *die* **Krankenpfleger-schülerin** -nen	trainee nurse
die **Reinigungskraft** -kräfte	cleaner

SENIORENEINRICHTUNG – FACILITY FOR THE ELDERLY

die **Altenpflegerin** -nen
geriatric nurse

die **Alltagsbetreuerin** -nen
everyday companion

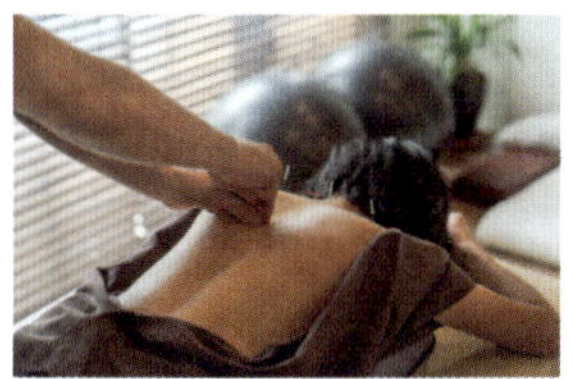

der **Heilpraktiker** –
alternative healthcare professional

die **Physiotherapeutin** -nen
physical therapist

die **Diätassistentin** -nen
dietician

die **Logopädin** -nen
speech therapist

der **Rettungsassistent** -en *die* **Rettungsassistentin** -nen	paramedic	
die/der **medizinische Fachangestellte** -n	doctor's assistant	
der **Masseur** -e *die* **Masseurin** -nen	masseur	

der **Hörakustiker** -
audiologist

die **Pharmakantin** -nen
pharmaceutical production technician

der **Notfallsanitäter/-in** -/-nen
emergency medical technician

die **Pflegekraft**	caregiver	
der **Krankenpfleger** - *die* **Krankenpflegerin** -nen	nurse	
die **Pflegedienstleitung** -	nurse management	
die **Wohnbereichsleitung** -	residential-area management	
die **Stationsleitung** -	ward nurse	
die **Pflegeassistenz**	care assistant	
der **Gesundheitspfleger** - *die* **Gesundheitspflegerin** -nen	nurse	
der **Betreuer** - *die* **Betreuerin** -nen	caregiver	
der **Ergotherapeut** -en *die* **Ergotherapeutin** -nen	occupational therapist	
der **Heilerziehungspfleger** - *die* **Heilerziehungspflegerin** -nen	care worker	

ARBEITEN IM KRANKENHAUS

WORKING AT A HOSPITAL

DER TAGESABLAUF – DAILY ROUTINE

Bett machen
to make the bed

Hände desinfizieren
to disinfect one's hands

in Teamarbeit
by teamwork

die ***Schicht*** **-en**	shift	
der ***Dienst*** **-e**	duty	
der ***Schichtplan/Dienstplan*** **-pläne**	duty roster	
die ***Frühschicht*** **-en** *der* ***Frühdienst*** **-e**	early duty	
die ***Spätschicht*** **-en** *der* ***Spätdienst*** **-e**	late duty	
die ***Nachtschicht*** **-en** *der* ***Nachtdienst*** **-e**	night duty	
die ***Wochenendschicht*** **-en** *der* ***Wochenenddienst*** **-e**	weekend duty	
die ***Übergabe*** **-n**	change of duty	

DIE WICHTIGSTEN SÄTZE – ESSENTIAL PHRASES

Mit diesen nützlichen Wörtern und Sätzen drücken Sie sich in den wichtigsten und häufigsten Situationen sicher aus.

IM GESPRÄCH – IN CONVERSATION

DER DIENSTRAUM – DUTY ROOM

Wo ist der Dienstplan?	Where's the duty roster?	
Wann beginnt die Frühschicht?	When does early duty start?	
Ich habe heute Früh-schicht/Frühdienst.	I'm on early duty today.	
Ich mache jetzt die Übergabe.	I'm preparing for the change of duty.	
Ich habe diese Woche Wochenendschicht.	I'm on weekend duty this week.	
Guten Tag, ich bin Pfleger Marco.	Good morning/afternoon, I'm Marco, your nurse.	
Hallo, ich bin Schwes-ter Noriza.	Hello, I'm Nurse Noriza.	
Ich bin Betreuerin von Frau Schmidt.	I'm Ms Schmidt's caregiver.	
Ich betreue Frau Schmidt zu Hause.	I'm Ms Schmidt's in-home caregiver.	
Was bist du von Beruf?	What is your line of work?	
Ich mache eine Ausbildung zur Gesundheits- und Krankenpflegerin.	I'm training to be a nurse.	

TÄGLICHE AUFGABEN – DAILY TASKS

Angehörige beraten
to advise family members

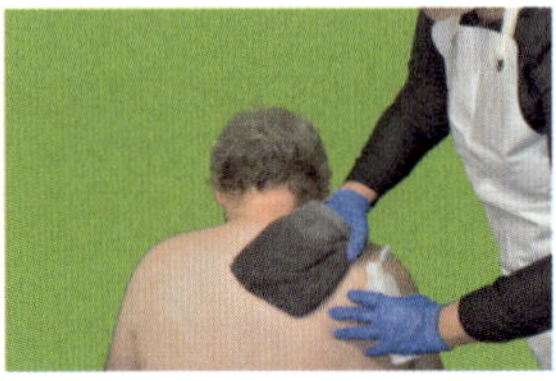

beim Waschen helfen
to wash the patient

Essen reichen
to serve food

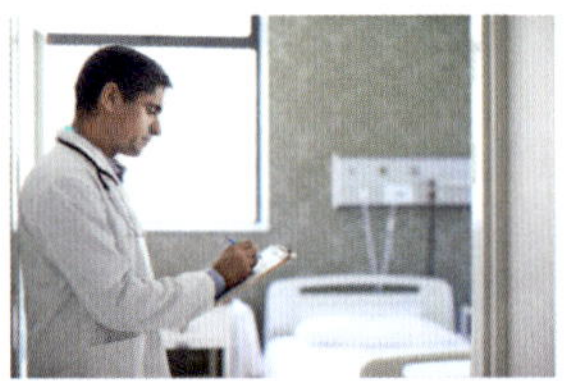

einen Bericht schreiben
to write a report

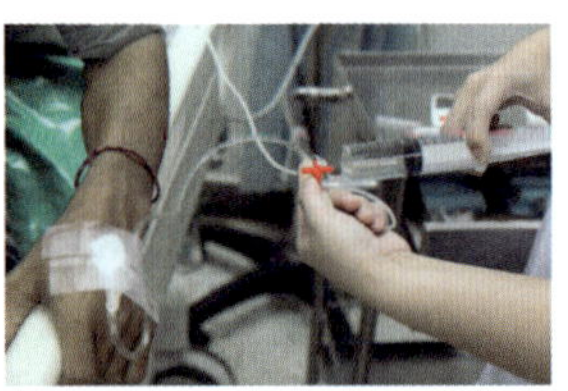

eine Infusion prüfen
to check an infusion

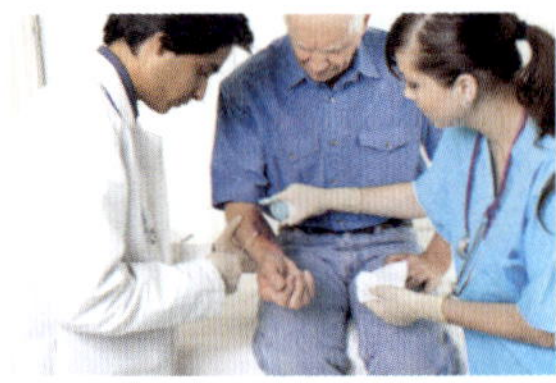

eine Wunde versorgen
to dress a wound

das ***Aufnahmegespräch*** *-e*	admission interview	
beim Toilettengang helfen	to help go to the toilet	
nach dem Essen abräumen	to clear up after meals	
Vitalwerte messen	to measure vital signs	
Patientenkurve schreiben	to plot a patient's vital signs graph	
dokumentieren	to document	
an den Arzt berichten	to report to the doctor	

BETREUUNG ZU HAUSE

HOME-CARE SERVICES

DAS HAUS – THE HOME

der ***Dachboden*** -böden
attic

der ***Keller*** -
cellar

der ***Flur*** -e
hallway

der ***Aufzug*** Aufzüge
lift

die ***Garage*** -n
garage

der ***Carport*** -s
carport

das ***Treppenhaus*** -häuser
stairwell

der ***Hausschlüssel*** -
front-door key

der ***Rauchmelder***
smoke detector

das **Dachfenster** –
skylight

der **Schornstein** –e
chimney

die **Dachrinne** –n
gutter

der **Dachziegel** –
roof tile

die **Dachgaube** –n
dormer

der **erste Stock**
first floor

das **Dach** Dächer
roof

der **Balkon** –s; –e
balcony

die **Terrasse** –n
terrace

die **Türschwelle** –n
threshold

die **Haustür** –en
front door

das **Fenster** –
window

das **Erdgeschoss** –e
ground floor

das **Einzelhaus** –häuser	detached house	
der **Neubau** –bauten	new building	
die **Dreizimmerwohnung** –en	three-room flat	
möbliert	furnished	
das **Stockwerk** –e	floor	
der **Eigentümer** –	owner	

DER EINGANG – THE ENTRANCE HALL

die ***Diele*** –n
hall

die ***Wohnungstür*** –en
front door

der ***Spiegel*** –
mirror

der ***Garderobenständer*** –
hat stand

der ***Sessel*** –
armchair

der ***Ablagetisch*** –e
side table

der ***Schirmständer*** –
umbrella stand

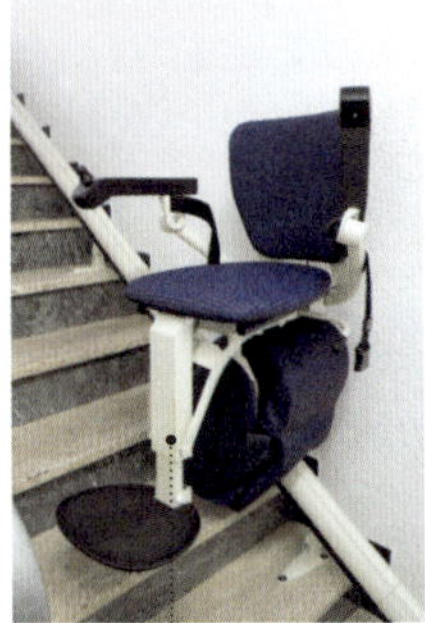

das ***Treppengeländer*** –
banister

die ***Treppe*** –n
stairs

der ***Treppenlift*** –e/-s
stair lift

der ***Treppenabsatz*** –absätze
landing

die ***Treppenstufe*** –n
step

TECHNISCHE HILFSMITTEL ZU HAUSE – HOME-CARE EQUIPMENT

die **Gehhilfe** -n
mobility aid

der **Gehstock** -stöcke
assistive cane

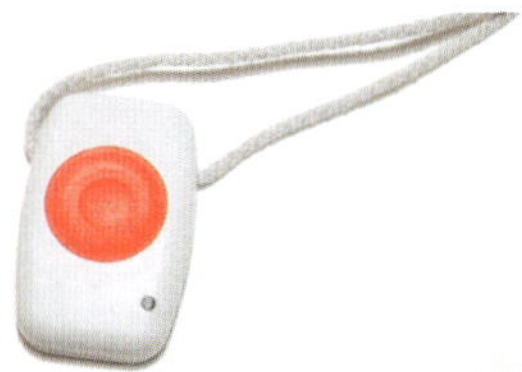

der **Notrufknopf** -knöpfe
emergency call button

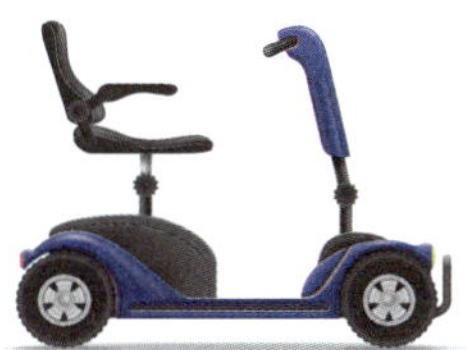

das **Elektromobil** -e
mobility scooter

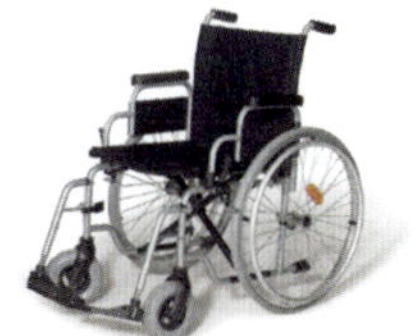

der **Rollstuhl** -stühle
wheelchair

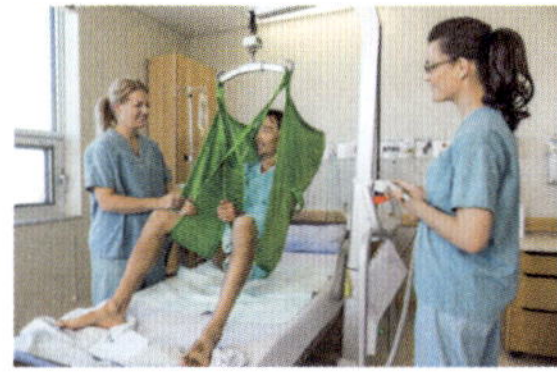

der **Lifter** -
lift

das **Hebegerät** -e	patient lift	
das **Gehgestell** -e	walker	
das **Notrufsystem** -e	emergency call system	
der **Gehwagen** -	rollator	
die **Greifzange** -n	reaching aid	
die **Schlüsseldrehhilfe** -n	key turner	
die **Stehhilfe** -n	standing aid	

DAS WOHNZIMMER – THE LIVING ROOM

der ***Spiegel*** –
mirror

der ***Ventilator*** –en
fan

der ***Bilderrahmen*** –
picture frame

der ***Vorhang*** Vorhänge
curtain

die ***Decke*** –n
ceiling

das ***Gemälde*** –
painting

das ***Sofa*** –s
sofa

die ***Lampe*** –n
lamp

das ***Sofakissen*** –
cushion

der ***Beistellschrank*** –schränke
side cabinet

der ***Kaminsims*** –e
mantelpiece

der ***gepolsterte Hocker***
pouf

der ***Kamin*** –e
fireplace

der ***Sessel*** –
armchair

der ***Couchtisch*** –e
coffee table

der ***Teppichboden*** –böden
fitted carpet

der **Kleiderhaken** –
coat peg

der **Kleiderbügel** –
coat hanger

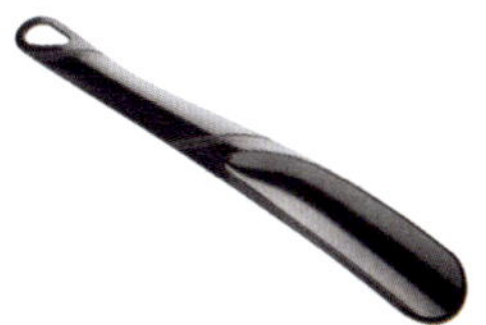

der **Schuhlöffel** –
shoehorn

das **Bücherregal** -e
bookshelf

die **Vitrine** -n
cabinet

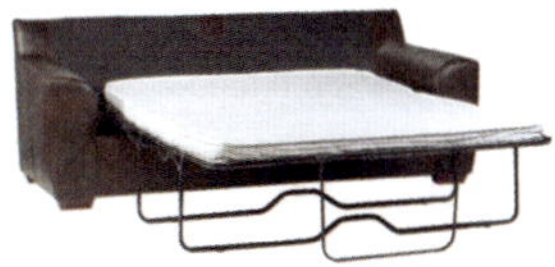

die **Schlafcouch** -[e]s
sofa bed

die **Blumenvase** -n
vase

die **Anrichte** -n
sideboard

die **Wanduhr** -en
wall clock

DAS ESSZIMMER – THE DINING ROOM

das ***Rollo*** –s
roller blind

der ***Kronleuchter*** –
chandelier

die ***Vitrine*** –n
cabinet

die ***Zimmerpflanze*** –n
houseplant

das ***Fensterbrett*** –er
window sill

der ***Tischläufer*** –
runner

die ***Kerze*** –n
candle

der ***Stuhl*** Stühle
chair

der ***Esstisch*** –e
dining table

die ***Tischdekoration*** –en
table decoration

der ***Holzboden*** –böden
wooden floor

DIE KÜCHE – THE KITCHEN

die ***Einbauleuchte*** -n
fitted spotlight

der ***Hängeschrank*** -schränke
wall-cupboard

die ***Dunstabzugshaube*** -n
extractor hood

die ***Arbeitsplatte*** -n
worktop

der ***Backofenschalter*** -
control knob

der ***Herd*** -e
stove

der ***Backofen*** -öfen
oven

das ***Spülbecken*** -
sink

der ***Küchenhocker*** -
kitchen stool

die ***Schublade*** -n
drawer

der ***Kühlschrank*** -schränke
fridge

die ***Frühstückstheke*** -n
breakfast bar

die ***Spülmaschine*** -n
dishwasher

der ***Gefrierschrank*** -schränke
freezer

KÜCHENGERÄTE – KITCHEN APPLIANCES

die **Mikrowelle** –n
microwave

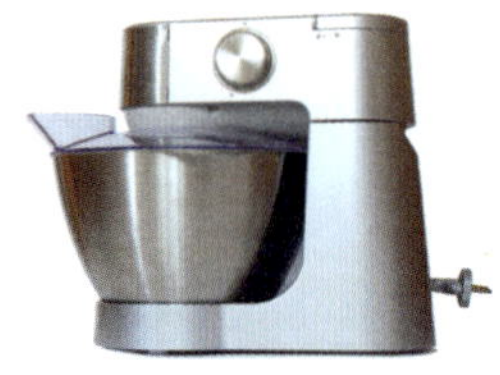

die **Küchenmaschine** –n
food processor

der **Pürierstab** –stäbe
hand-held blender

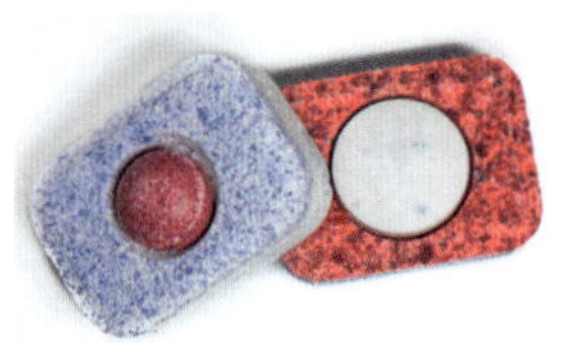

der **Spülmaschinentab** –s
dishwasher tab

das **Geschirrtuch** –tücher
tea towel

das **Schwammtuch** –tücher
sponge cloth

der **Mülleimer** –	bin	
die **Verpackung** –en	packaging	
das **Altglas** –gläser	glass for recycling	
den **Ofen vorheizen**	to preheat the oven	
die **Spülmaschine laufen lassen**	to run the dishwasher	
das **Essen auftauen**	to thaw food	

der ***Wasserkocher*** –
electric kettle

der ***Toaster*** –
toaster

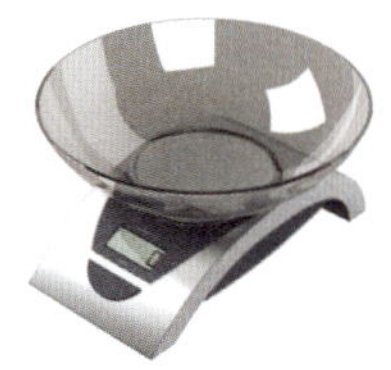

die ***Küchenwaage*** **–n**
kitchen scales

der ***Schnellkochtopf***
–töpfe
pressure cooker

die ***Kaffeemaschine*** **–n**
coffee machine

der ***Dampfgarer*** –
steam cooker

der ***Raclettegrill*** –s
raclette grill

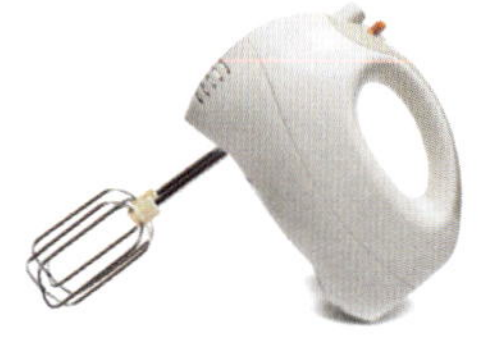

das ***Handrührgerät*** –e
hand mixer

der ***Espressokocher*** –
espresso maker

KOCH- UND BACKUTENSILIEN – COOKING AND BAKING UTENSILS

das ***Teigrad*** –räder
pastry wheel

die ***Sanduhr*** –en
hourglass

das ***Tablett*** –s; –e
tray

der ***Topfhandschuh*** –e
oven glove

die ***Schürze*** –n
apron

der ***Küchenwecker*** –
kitchen timer

das ***Ausstechförmchen*** –
biscuit cutter

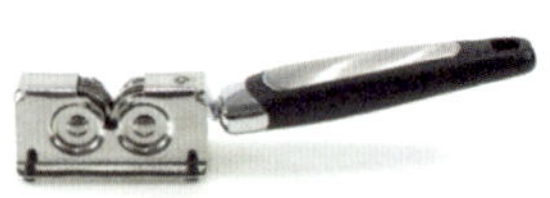

der ***Messerschärfer*** –
knife sharpener

das ***Küchenpapier*** –e
kitchen roll

die **Springform** -en
spring-clip tin

das **Backblech** -e
baking tray

der **Schäler** -
peeler

das **Schneidebrett** -er
cutting board

das **Küchenmesser** -
kitchen knife

das **Küchensieb** -e
sieve

die **Alufolie** -n	tinfoil	
das **Backpapier** -e	baking parchment	
die **Frischhaltefolie** -n	clingfilm	
der **Gefrierbeutel** -	freezer bag	
das **Kuchengitter** -	cake rack	
der **Putzlappen** -	cleaning rag	
die **Schüssel** -n	bowl	
der **Spritzbeutel** -	piping bag	

das **Abtropfsieb** –e
colander

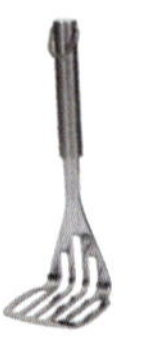

der **Kartoffelstampfer** –
potato masher

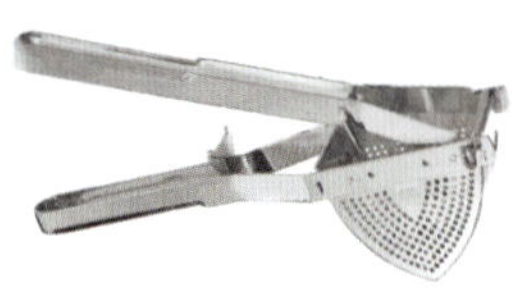

die **Knoblauchpresse** –n
garlic press

die **Schöpfkelle** –n
ladle

der **Schneebesen** –
whisk

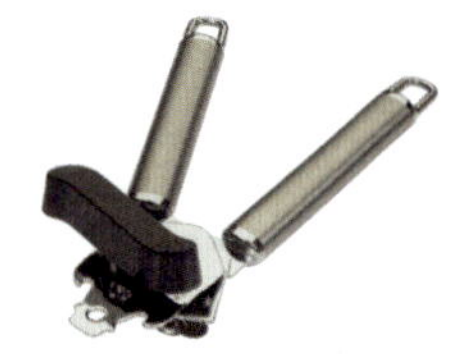

der **Dosenöffner** –
tin opener

der **Mörser** –	mortar	
der **Stößel** –	pestle	
der **Messerblock** –blöcke	knife block	
der **Fleischklopfer** –	steak hammer	
die **Thermoskanne**® –n	Thermos® flask	
der **Spüllappen** –	dishcloth	

der **Korkenzieher** –
corkscrew

der **Backpinsel** –
pastry brush

das **Nudelholz** –hölzer
rolling pin

der **Pfannenwender** –
slotted turner

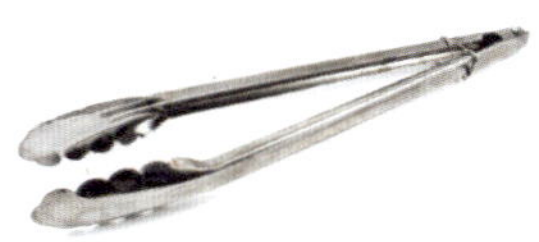

die **Küchenzange** –n
tongs

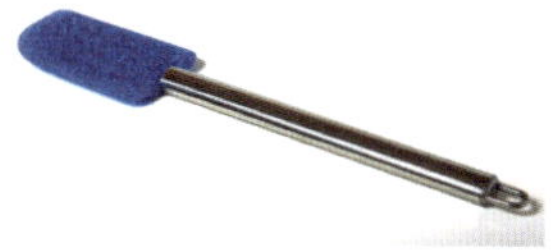

der **Teigschaber** –
kitchen spatula

der **Kochlöffel** –
wooden spoon

die **Bratpfanne** –n
frying pan

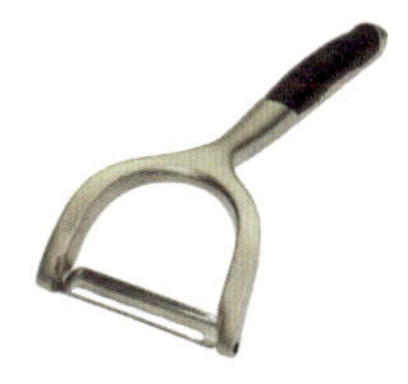

der **Sparschäler** –
peeler

der **Wok** -s
wok

der **Kochtopf** -töpfe
saucepan

der **Schmortopf** -töpfe
casserole

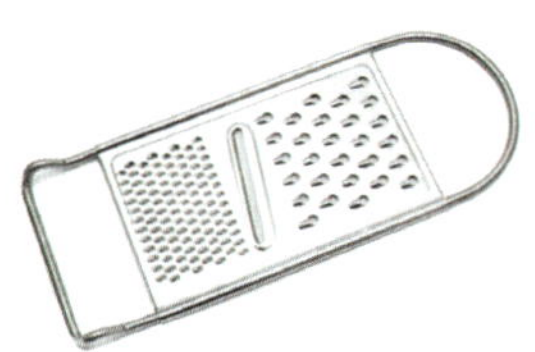

die **Reibe** -n
grater

der **Trichter** -
funnel

der **Messbecher** -
measuring jug

die **Bratengabel** -n	carving fork	
der **Untersetzer** -	coaster	
das **Hackmesser** -	meat cleaver	
der **Spieß** -e	skewer	
der **Flaschenöffner** -	bottle opener	

DAS SCHLAFZIMMER – THE BEDROOM

die ***Nacht-tischlampe*** –n
bedside lamp

das ***Laken*** –
sheet

das ***Kopfteil*** –e
bedhead

der ***Kissenbezug*** –bezüge
pillowcase

das ***Kopfkissen*** –
pillow

das ***Doppelbett*** –en
double bed

die ***Matratze*** –n
mattress

die ***Kommode*** –n
chest of drawers

der ***Teppich*** –e
rug

die ***Bettdecke*** –n
duvet

der ***Nachttisch*** –e
bedside table

das ***Bettgestell*** –e
bedstead

DAS PFLEGEBETT - HOME-CARE BED

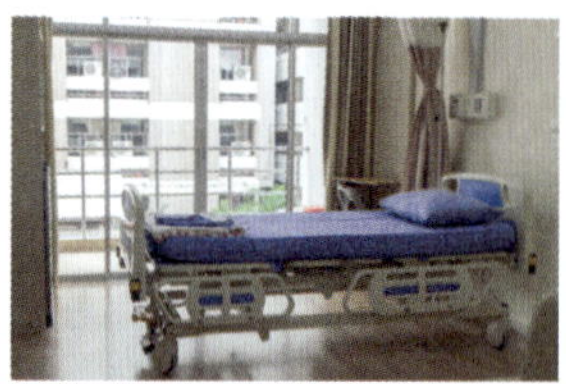

das **Krankenbett** -en
nursing-care bed

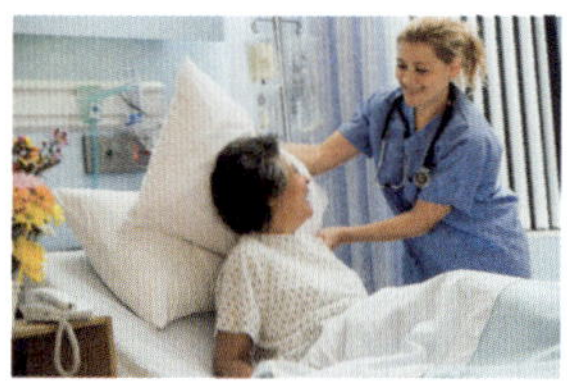

das **Kissen** -
pillow

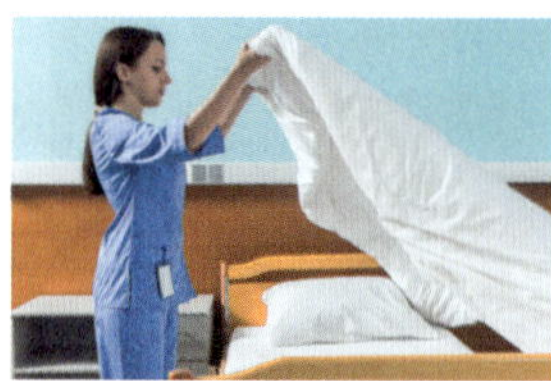

die **Decke** -n
blanket

die **Wolldecke** -n
woollen blanket

die **Betteinlage** -n
bed pad

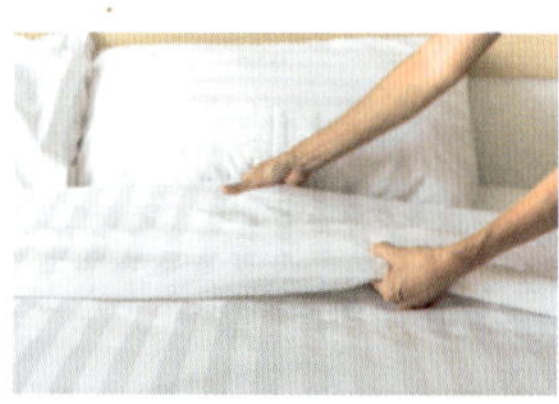

die **Bettwäsche** -
sheets and covers

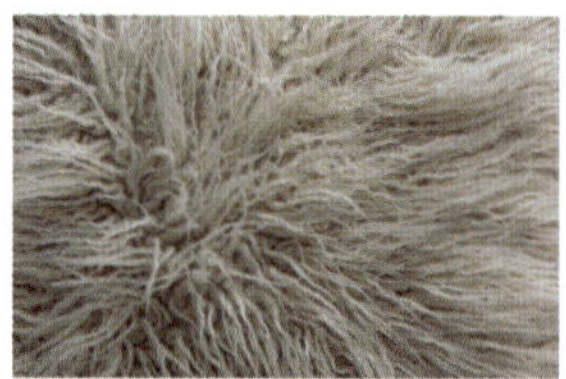

das **Fell** -e
sheepskin/lambskin

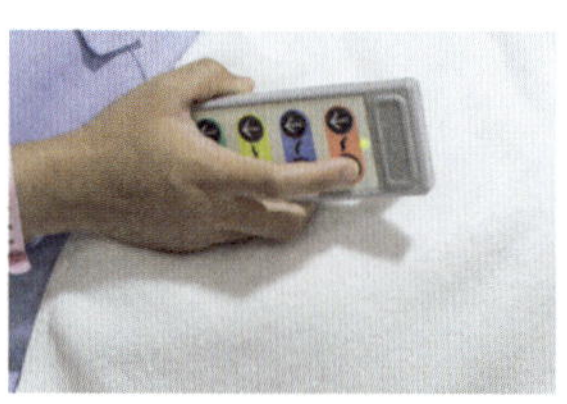

die **Fernbedienung** -en
remote control

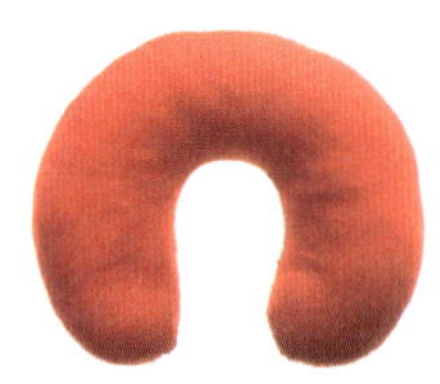

das **Nackenkissen** -
neck pillow

*die **(höhenverstellbare) Rückenstütze*** -en
(height-adjustable) back support

*der **Krankenaufrichter*** -
sit-up aid

*der **Selbsthaltegriff*** -e
bed (assist) handle

*das **Kopfteil*** -e
head section

*das **Bettgeländer*** -
bed (assist) rail

*der **Bremshebel*** -
brake lever

*die **Fußpumpe*** -n
foot pump

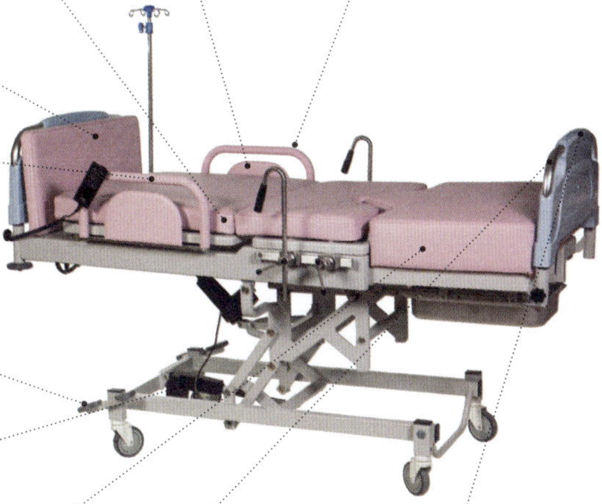

*die **Fußstütze*** -n
foot support

*der **Bettbügel*** -
bed cradle

*die **Halterung (für Patientenname)*** -en
frame (for patient's name)

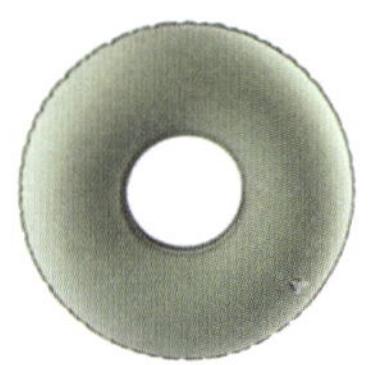

das **Ringkissen** –
ring cushion

das **Bettbrett** –bretter
bed board

der **Leseständer** –
reading stand

das **Venenkissen** –
leg-raiser cushion

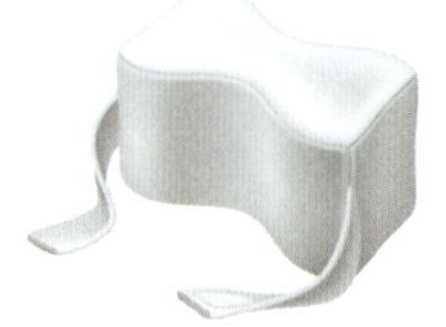

das **Kniekissen** –
knee cushion

das **Heizkissen** –
electric blanket

die **Lagerungsrolle** –n	positioning roll	
der **Bettverkürzer** –	bed shortener	
das **Rückenlehnen-Kissen** –	back cushion	
das **Kapuzenkissen** –	hooded pillow	
der **Kleiderschrank** –schränke	wardrobe	
der **Wecker** –	alarm clock	
die **Wärmflasche** –n	hot-water bottle	

die **elektrische Heizdecke –n**	electric blanket	
die **Tagesdecke –n**	bedspread	
der **Stecklaken (Stoffdurchzug) –**	incontinence sheet	
die **Unterlage –n**	overlay	
das **Betttuch –tücher**	sheet	
die **3-teilige Liegefläche –n**	three-section lying surface	
die **Bettschutzeinlage –n**	bed pad	
der **Matratzenschutz –schutze**	mattress protector	
die **Sturzmatte –n**	fall mat	
die **Inkontinenzauflage (Einmaldurchzug) –n**	incontinence pad	
bettlägerig	confined to bed	
die **Lageveränderung –en**	change of position	
das **Lagerungskissen –**	positioning cushion	
das **Bett machen**	make the bed	
das **Bett frisch beziehen**	put clean sheets on (the bed)	
die **Bettwäsche wechseln**	change the bed	
das Laken glatt ziehen	smooth (down) the sheet	
das Kopfteil hoch/flach stellen	raise/lower the head section	

DIE WICHTIGSTEN SÄTZE – ESSENTIAL PHRASES

Mit diesen nützlichen Wörtern und Sätzen drücken Sie sich in den wichtigsten und häufigsten Situationen sicher aus.

IM GESPRÄCH – IN CONVERSATION

LAGERUNG – POSITIONING

Herr Müller ist bettlägerig. Er kann nicht aufstehen.	Mr Müller is confined to bed. He cannot get up.	
Ich möchte jetzt Ihr Bett machen.	I'd now like to make your bed.	
Ich möchte Ihr Bett frisch beziehen …	I'd like to put some clean sheets on your bed …	
…, setzen Sie sich solange bitte auf den Stuhl.	…, so please sit on the chair until I've finished.	
…, können Sie bitte Ihren Po kurz anheben?	…, can you lift your bottom a little please?	
Ich lege Sie auf die Seite. Sie müssen nicht aufstehen.	I'm going to turn you on your side. You needn't get up.	
Ich drehe Sie auf den Rücken/auf die Seite.	I'm going to turn you on your back/side.	
Brauchen Sie ein Kniekissen?	Do you need a knee cushion?	
Liegen Sie so bequem?	Are you lying comfortably now?	

DAS BADEZIMMER – THE BATHROOM

der ***Handtuchspender*** –
towel dispenser

....

der ***Wasserhahn*** –hähne
tap

....

der ***Spiegel*** –
mirror

....

das ***Waschbecken*** –
washbasin

....

der ***Duschkopf*** – köpfe
showerhead

....

die ***Dusche*** –n
shower

....

der ***Handtuchhalter*** –
towel rail

....

die ***Toilette*** –n
toilet

die ***Toilettenspülung*** –en
toilet flush

der ***Toilettendeckel*** –
toilet lid

die ***Toilettenbrille*** –n
toilet seat

der ***Spülkasten*** –kästen
cistern

die ***Kloschüssel*** –n
toilet bowl

die ***Klobürste*** –n
toilet brush

das ***Toilettenpapier*** –e
toilet paper

der ***Klostein*** –e
rim block

IM BADEZIMMER – IN THE BATHROOM

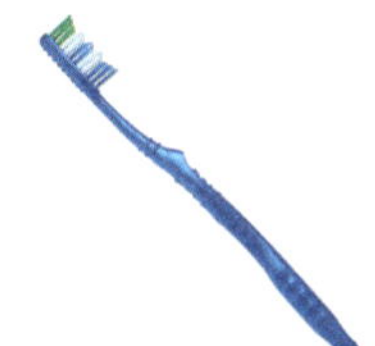

die ***Zahnbürste*** –n
toothbrush

die ***Zahnseide*** –n
dental floss

der ***Gebissreiniger*** –
denture cleaner

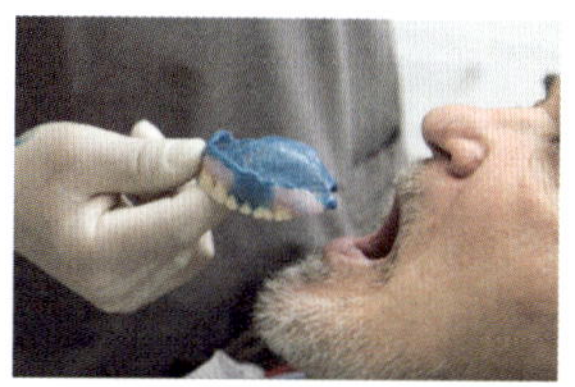

die ***Haftcreme*** –s
fixative cream

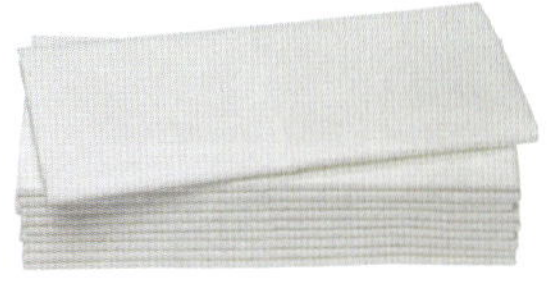

das ***Taschentuch*** –tücher
tissue

der ***Rasierschaum***
kein Pl
shaving foam

der ***Rasierer*** –
razor

der ***Rasierapparat*** –e
electric razor

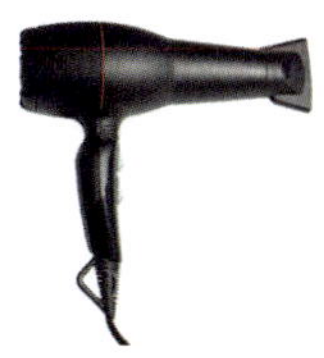

der ***Föhn*** –e
hairdryer

das **Wattestäbchen** –	cotton bud	
der **Waschlappen** –	flannel	
das **Mundwasser** –	mouthwash	
sich rasieren	to shave	
sich frisch machen	to freshen up	
sich schminken	to put on make-up	
sich die Zähne putzen	to clean one's teeth	
der **Waschbeckenunterschrank** –schränke	sink cabinet	
die **Badewanne** –n	bathtub	
die **Badewannenstufe** –n	bath step	
die **Duschkabine** –n	shower cubicle	
der **Seifenspender** –	soap dispenser	

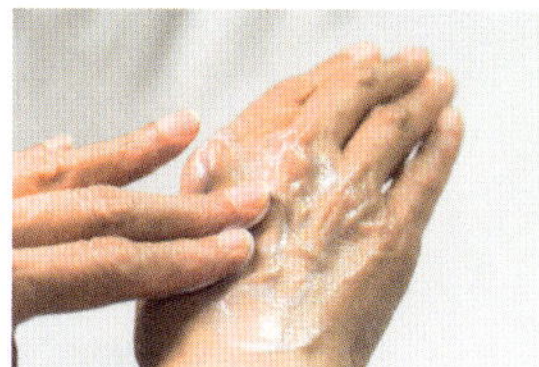

die **Handcreme** -s
hand cream

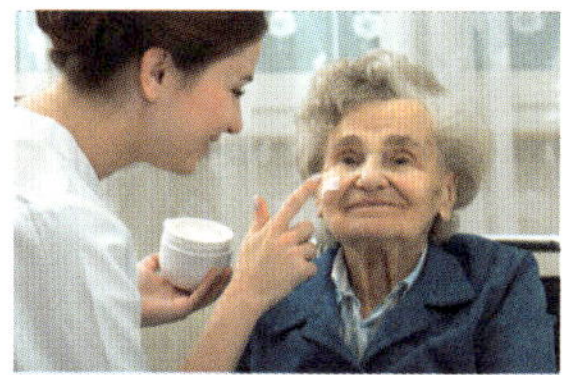

die **Hautcreme** -s
skin cream

die **Badebürste** -n
bath brush

der **Badeschwamm**
-schwämme
(bathroom) sponge

das **Kosmetiktuch**
-tücher
paper tissue

das **Handtuch**
Handtücher
towel

die **Sonnencreme** -s	suntan lotion	
die **Nachtcreme** -s	night cream	

der **Bademantel** –mäntel
bathrobe

der **Schlafanzug** –anzüge
pyjamas

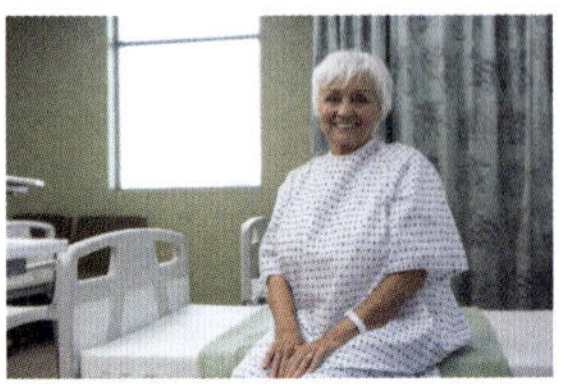

das **Nachthemd** –en
nightshirt

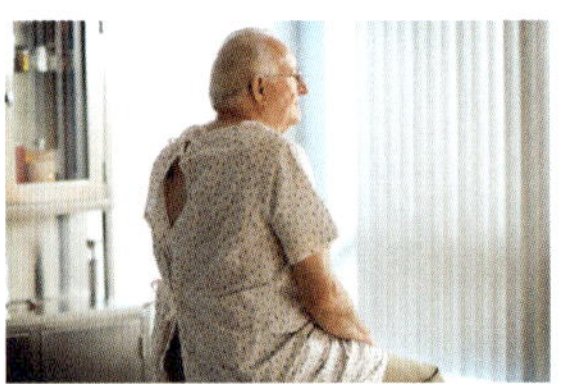

das **Flügelhemd** –en
wrapover shirt

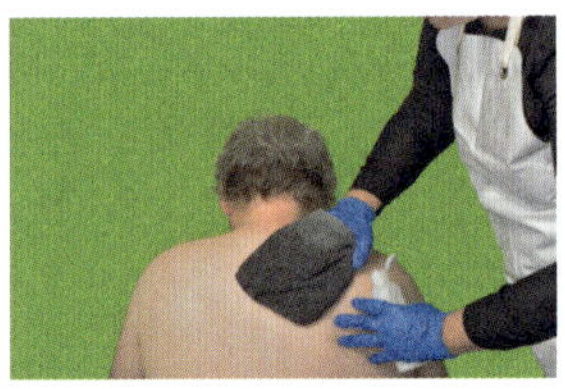

den **Patienten waschen**
to wash the patient

das **Gesicht waschen**
to wash the patient's face

der **Ohrenreiniger** –	cotton bud	
das **Massageöl** –e	massage oil	
das **Peeling** –s	exfoliation	
das **Rasierwasser** –; –wässer	aftershave	
der **Duschkopf** –köpfe	showerhead	
der **Duschvorhang** –vorhänge	shower curtain	
die **Bedematte** –n	bathmat	
sich waschen	to wash	

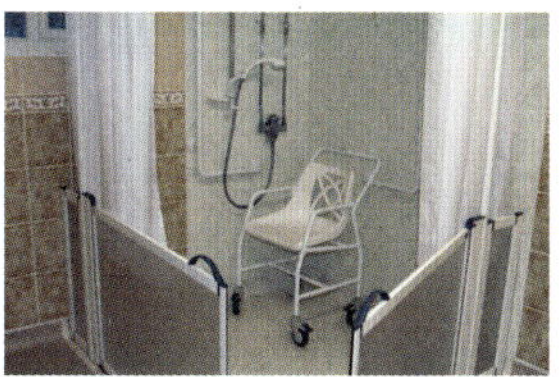

der **Duschstuhl** -stühle
shower chair

der **Badewannensitz** -e
bath seat

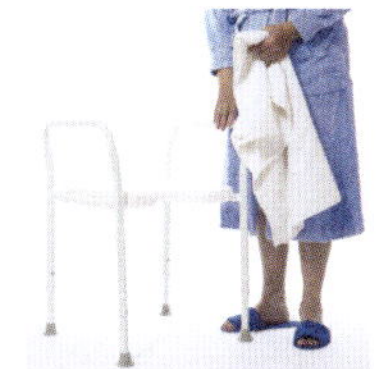

der **Duschhocker** -
shower stool

der **Föhn** -s	hairdryer	
die **Eincremehilfe** -n	cream applicator	
baden	to have a bath	
Nässeschutz kein Pl	moisture protection	
den **Oberkörper waschen**	to wash the patient's upper body	
den **Hahn auf-/zudrehen**	to turn on/off the tap	
duschen	to shower	
die **Waschschüssel** -n	wash bowl	
das **Haarwaschbecken** -	hair wash basin	
der **After-Reiniger** -	anal douche	
die **Fäkalienspüle** -n	bedpan washer	

der **Haltegriff** -e
grab handle

die **Einstiegshilfe** -n
bath rail

der **Duschklappsitz** -e
folding shower seat

der **Gleitschutz** kein Pl
anti-slip mat

der **Toilettensitz** -e
toilet seat

der **Badewannenlifter** -	bath lift	
die **Aufstieghilfe** -n	pull-up handle	
ausrutschen	to slip	
sich festhalten	to hold on	
einseifen	to soap	
abspülen	to wash	
abtrocknen	to dry	

MANIKÜRE/PEDIKÜRE – MANICURE/PEDICURE

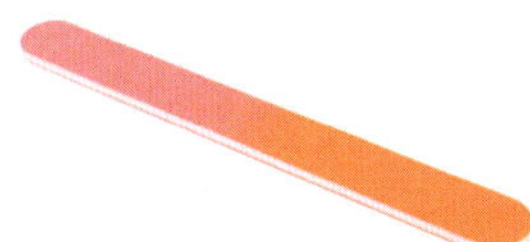

die **Nagelfeile** –n
nail file

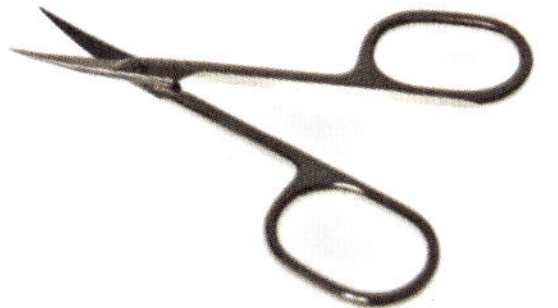

die **Nagelschere** –n
nail scissors

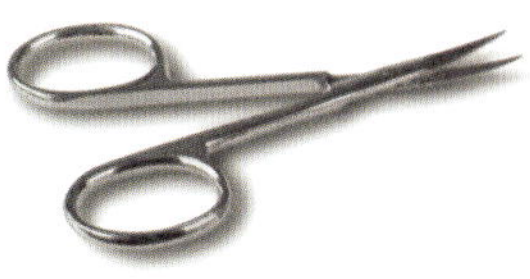

die **Nagelhautschere** –n
cuticle scissors

der **Nagelknipser** –
nail clipper

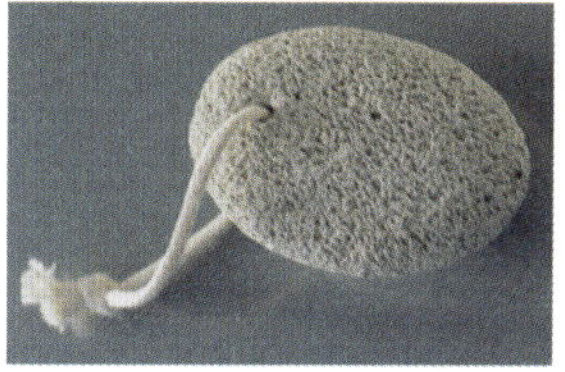

der **Bimsstein** –e
pumice (stone)

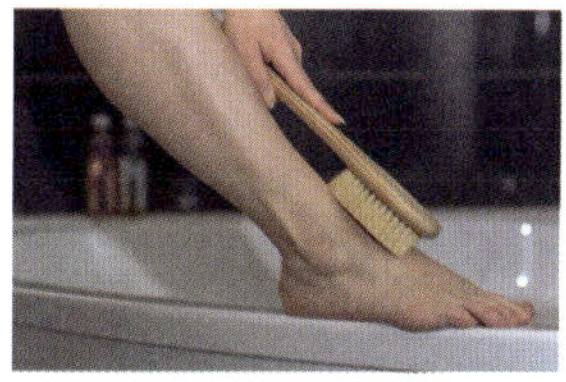

die **Fußwaschbürste** –n
foot scrubber

Nägel schneiden	to cut the patient's nails	
Nägel feilen	to file the patient's nails	
die **Fußpflegeschere** –n	pedicure scissors	
die **Nagelzange** –n	nail clippers	
die **Nagelbürste** –n	nail brush	
desinfizieren	to disinfect	
der **Bimsstein** –e	pumice (stone)	
die **Fußpflege** kein Pl	pedicure	

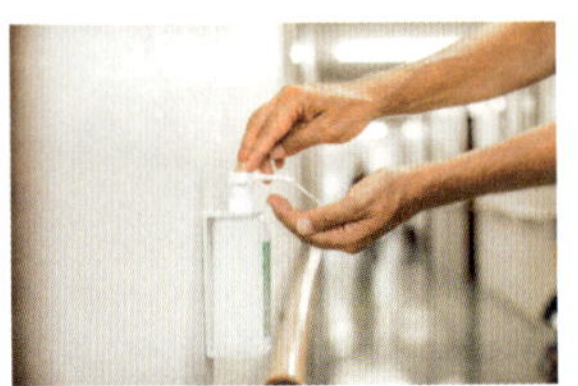

die **Händedesinfektion** –en
hand disinfection

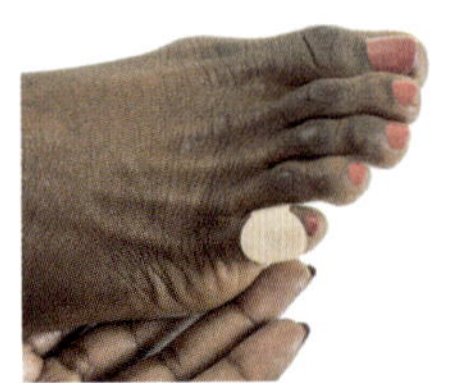

das **Hühneraugenpflaster** –
corn plaster

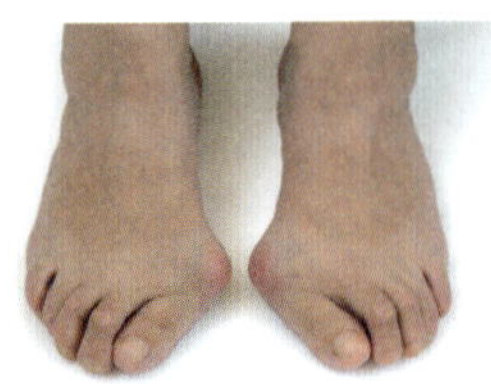

der **Hallux** –e
bunion

das **Fußbad** –bäder	footbath	
die **Hornhaut** –	callus	
die **Warze** –n	wart	
das **Warzenmittel** –	wart remover	
die **Warze entfernen**	remove a wart	
das **Hühnerauge** –n	corn	
die **Hornhaut entfernen**	remove a callus	
der **Nagelpilz** –e	onychomycosis	
die **Nagelpilz-Tinktur** –en	fungoid tincture	
der **Juckreiz** –e	itching	
Hornhaut entfernen	to remove a callus	

DIE WASCHKÜCHE – THE LAUNDRY ROOM

die ***Waschmaschine*** -n
washing machine

der ***Knopf*** Knöpfe
button

das ***Display*** -s
display

die ***Waschmittelkammer*** -n
detergent drawer

die ***Waschkammer*** -n
washing chamber

das **Waschpulver** –	washing powder	
der **Fleckenentferner** –	stain remover	
der **Weichspüler** –	fabric softener	
das **Bleichmittel** –	bleach	
die **Wäscheklammer** -n	clothes peg	
Wäsche zusammenlegen	to fold laundry	
schrubben	to scrub	
fegen	to sweep	
polieren	to polish	

der **Wäschekorb** –körbe
washing basket

die **Wäscheleine** –n
clothes line

das **Bügeleisen** –
iron

die **Waschmaschine füllen**	to fill the washing machine	
die **Wäsche waschen**	to do the washing	
der **Wäscheständer** –	clotheshorse	
der **Wäschetrockner** –	tumble dryer	
der **Schmutzwäschekorb** –körbe	laundry basket	
die **Wäsche aufhängen**	hang up the washing	
bügeln	to iron	
das **Bügelbrett** –bretter	ironing board	
putzen	to clean	
abwischen	to wipe	
der **Staubsauger** –	vacuum cleaner	
Staub saugen	to vacuum	
wöchentlich	weekly	
regelmäßig	regular	
die **Putzfrau**	cleaner	
abstauben	to dust	
der **Staubwedel**	(feather) duster	

REINIGUNGSARTIKEL – CLEANING EQUIPMENT

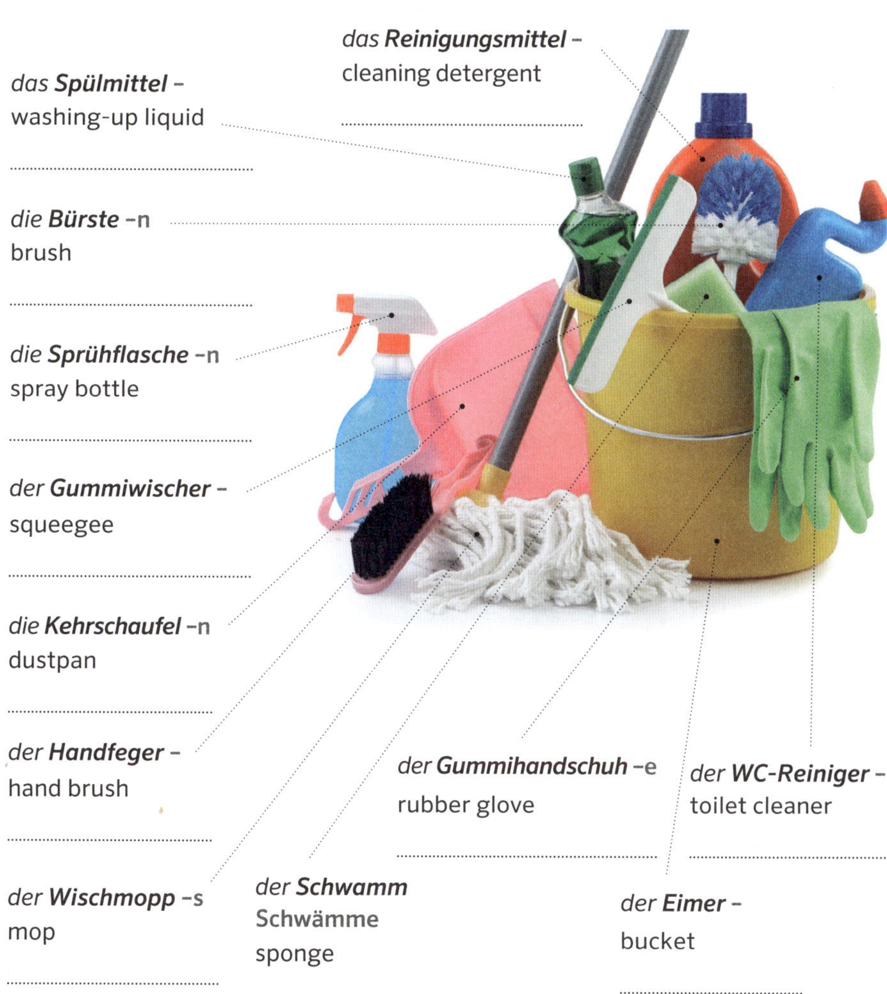

STROM UND HEIZUNG – ELECTRICITY AND HEATING

der ***Heizkörper*** –
radiator

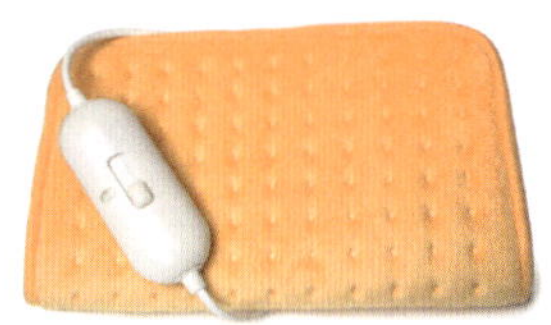

die ***elektrische Heizdecke*** –n
electric blanket

die ***Steckdose*** –n
socket

der ***Stecker*** –
plug

das ***Verlängerungskabel*** –
extension cable

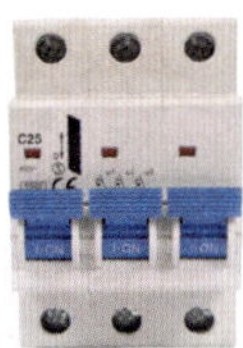

die ***Sicherung*** –en
fuse

der ***Stromzähler*** –
electricity meter

die ***Mehrfachsteckdose*** –n
multiple socket

der ***Schalter*** –
switch

GERICHTE UND MAHLZEITEN

MEALS AND DISHES

DAS FRÜHSTÜCK – BREAKFAST

das **Brot** –e
bread

der **Orangensaft** –säfte
orange juice

das **Brötchen** –
roll

die **Milch** kein Pl
milk

der **Käse** –
cheese

das **gekochte Ei**
boiled egg

die **Melone** –n
melon

die **Marmelade** –n
jam

das **Müsli** –[s]
muesli

der **Schinken** –
ham

der **Cappuccino** –s
cappuccino

die ***Butter*** kein Pl
butter

das ***Croissant*** –s
croissant

der ***Früchtejoghurt*** –[s]
fruit yogurt

das ***frische Obst*** kein Pl
fresh fruit

der ***Haferbrei*** kein Pl
porridge

der ***Kaffee*** –s
coffee

der ***Frischkäse*** –
cream cheese

das ***Käsebrot*** -e
cheese sandwich

der ***Brotaufstrich*** -e
sandwich spread

HAUPTMAHLZEIT – MAIN DISHES

armer Ritter
French toast

das ***Rührei*** –er
scrambled egg

der ***Pfannkuchen*** –
pancake

das ***Omelett*** –e; –s
omelette

die ***Spaghetti Bolognese*** Pl
spaghetti bolognese

die ***Lasagne*** –
lasagne

das ***Steak*** –s
steak

die ***Kartoffelspalten*** Pl
potato wedges

der ***Beilagensalat*** –e
side salad

die ***Suppe*** –n
soup

das ***Brathähnchen*** –
roast chicken

das ***panierte Schnitzel*** –
breaded escalope

die ***Bratkartoffeln*** Pl
fried potatoes

der ***Eintopf*** –töpfe
stew

der ***Auflauf*** –läufe
bake

die ***Pastete*** –n
pie

die ***Quiche*** –s
quiche

die ***Frikadelle*** –n
rissole

IM RESTAURANT – IN A RESTAURANT

der ***Nachtisch*** –e
dessert

die ***Suppe*** –n
soup

die ***Beilage*** –n
side dish

die ***Vorspeise*** –n
starter

das ***Hauptgericht*** –e
main course

der **Kellner** –	waiter	
die **Speisekarte –n**	menu	
die **Bestellung –en**	order	
der **Gast** Gäste	diner	
das **Glas** Gläser	glass	
der **Tisch für zwei Personen**	table for two	
der **Salat** –e	salad	
der **Käseteller** –	cheese platter	
der **Kaffee** –s	coffee	
der **Likör** –e	liqueur	
das **Käsemesser** –	cheese knife	

GESCHIRR UND BESTECK – CROCKERY AND CUTLERY

die **Serviette** -n
napkin

....

der **Brotteller** -
side plate

....

das **Wasserglas** -gläser
water glass

....

das **Weinglas** -gläser
wine glass

....

der **Dessertlöffel** -
dessert spoon

....

der **Suppenlöffel** -
soup spoon

....

das **Messer** -
knife

....

die **Tischdecke** -n
table cloth

....

die **Gabel** -n
fork

....

der **Essteller** -
dinner plate

....

UNTERSTÜTZUNG IM HAUSHALT

HOME CARE

UNTERSTÜTZUNG BEI DER GRUNDPFLEGE – ASSISTANCE WITH WASHING AND PERSONAL HYGIENE

die **Morgentoilette -n**	morning toilet	
die **Abendtoilette -n**	evening toilet	
die **Intimwäsche -n**	intimate hygiene	
helfen bei.....	to help the patient to ...	
einseifen	... soap him-/herself	
spülen/abspülen	... wash him-/herself off	
bei der Intimtoilette helfen	to help the patient wash his/her intimate parts	
den **Po waschen**	to wash the patient's bottom	
den **Intimbereich waschen**	to wash the patient's intimate parts	
Stoma reinigen	to wash the patient's stoma	
Katheter reinigen	to clean the catheter	
beim Zähneputzen helfen	to help the patient clean his/her teeth	
Gebiss reinigen	to clean the patient's dentures	
beim Anziehen helfen	to help the patient to dress	
sich gründlich waschen	to wash thoroughly	
abtrocknen	to dry off	

Hände waschen
to wash the patient's hands

eincremen
to rub in cream

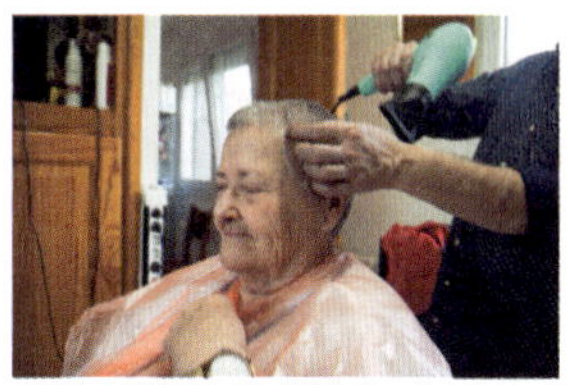

Haare föhnen
to blow-dry the patient's hair

die ***Bettpfanne geben***
to give the patient a bedpan

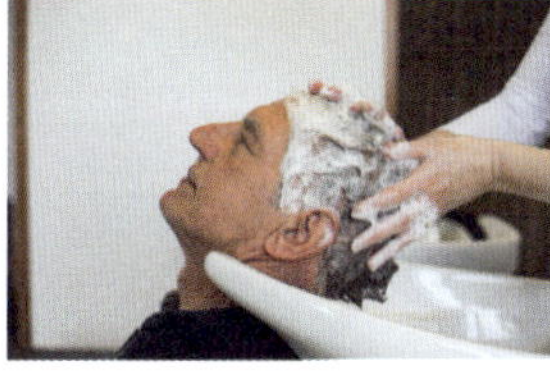

Haare waschen
to wash the patient's hair

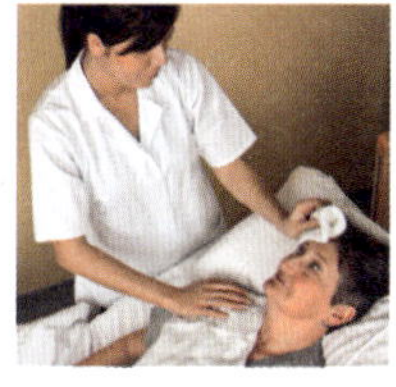

Gesicht waschen
to wash the patient's face

beim Waschen helfen	to help the patient to wash him-/herself	
sich kämmen	to comb	
sich rasieren	to shave	

DIE WICHTIGSTEN SÄTZE - ESSENTIAL PHRASES

Mit diesen nützlichen Wörtern und Sätzen drücken Sie sich in den wichtigsten und häufigsten Situationen sicher aus.

IM GESPRÄCH - IN CONVERSATION

BAD UND TOILETTE - BATH AND TOILET

Ich wasche Sie.	I'll give you a wash.	
Brauchen Sie Hilfe beim Waschen?	Do you need help washing?	
Möchten Sie duschen oder baden?	Would you like a shower or bath?	
Ich helfe Ihnen zum Waschbecken.	I'll help you to the washbasin.	
Ich helfe Ihnen beim Waschen/Duschen.	I'll help you to wash/ shower.	
Heute waschen wir nur die Hände und das Gesicht.	Today we'll be washing only your hands and face.	
Jetzt wasche ich Ihnen die Haare.	Now I'll wash your hair.	
Ich spüle Ihnen die Haare/den Rücken ab.	I'll rinse out your hair/ wash off your back.	
Frau Starck, kann ich Ihre Haare kämmen?	Ms Starck, may I comb your hair?	
Herr Suter, ich werde Sie jetzt rasieren.	Mr Suter, I'm now going to give you a shave.	
Brauchen Sie Hilfe beim Zähneputzen?	Do you need help cleaning your teeth?	

BAD UND TOILETTE - BATH AND TOILET		
Ich trockne Sie ab.	I'll dry you off.	
Ich creme Ihre Hände ein.	I'll rub cream into your hands.	
Soll ich Sie ganz eincremen?	Shall I cream you all over?	
aufs Klo ugs/***auf die Toilette gehen***	to go to the toilet	
klein machen/Pipi machen ugs	to go for a wee	
groß machen/ Stuhlgang haben	to go for a poo	
Durchfall/ Verstopfung haben	to have diarrhoea/be constipated	
sich hinsetzen	to sit down	
vom Klo aufstehen	to get up off the toilet	
beim Hinsetzen helfen	to help the patient to sit down	
hochheben	to lift up	
sich sauber machen	to clean	
Urinflasche leeren	to empty the urinal	
den ***Toilettenstuhl holen***	to fetch the commode chair	
sich schämen	to feel ashamed	
unangenehm sein	to be unpleasant	
Müssen Sie auf die Toilette?	Do you have to go (to the toilet)?	
Waren Sie heute schon auf der Toilette?	Have you been to the toilet today?	

BAD UND TOILETTE – BATH AND TOILET		
Hatten Sie heute schon Stuhlgang?	Did you have a bowel movement today?	
Haben Sie Durchfall/ Verstopfung?	Do you have diarrhoea/ are you constipated?	
Können Sie sich alleine hinsetzen?	Can you sit down by yourself?	
Können Sie alleine aufstehen?	Can you get up by yourself?	
Soll ich sie hochheben?	Shall I lift you up?	
Müssen Sie groß oder klein?	Do you have to go for a poo or a wee?	
Können Sie sich selbst sauber machen?	Can you wipe your bottom without help?	
Brauchen Sie Hilfe bei der Intimwäsche?	Do you need help washing your intimate parts?	
Nein, danke. Ich mache es selbst.	No thank you. I can do it myself.	
Ich leere Ihre Urinflasche.	I'll empty your urinal.	
Ich hole den Toilettenstuhl.	I'll fetch the commode chair.	
Ist Ihnen das unangenehm?	Do you find that unpleasant?	
Sie müssen sich nicht schämen.	You've no cause to feel ashamed.	

der **Morgenmantel**
-mäntel
dressing gown

Kleider aussuchen
to choose what to wear

Kleider vorbereiten
to prepare the patient's clothes

sich anziehen	to dress	
sich ausziehen	to undress	
beim Anziehen helfen	to help the patient to dress	
etwas anprobieren	to try on something	
eine neue Mütze anprobieren	to try on a new cap	
gut passen	to be a good match	
passen zu	to suit	
den **Gürtel/** *den* **Reißverschluss/** *die* **Jacke zumachen**	to fasten the patient's belt/zip/jacket	
zuknöpfen	to button up	

DIE WICHTIGSTEN SÄTZE – ESSENTIAL PHRASES

Mit diesen nützlichen Wörtern und Sätzen drücken Sie sich in den wichtigsten und häufigsten Situationen sicher aus.

IM GESPRÄCH – IN CONVERSATION

UNTERSTÜTZUNG BEI DER KLEIDERWAHL – ASSISTANCE WITH THE CHOICE OF CLOTHING

Was möchten Sie heute anziehen?	What would you like to wear today?	
Ich habe für Sie Kleider ausgesucht.	I've put out some clothes for you.	
Gefallen Ihnen diese Sachen?	Do you like them?	
Möchten Sie die Halbschuhe oder die Sandalen anziehen?	Would you like to wear shoes or sandals?	
Möchten Sie einen Rock oder eine Hose anziehen?	Would you like to wear a skirt or trousers?	
Es ist kalt heute. Sie brauchen den wärmeren Mantel.	It's cold today. You'll need the warmer coat.	
Ist dieser Pulli bequem?	Is this pullover nice to wear?	
Nein, er kratzt am Bündchen.	No, it gives me an itchy waist.	
Passt Ihnen dieser Mantel?	Does this coat fit you?	
Nein, er ist zu eng.	No, it's too tight.	
Ich finde diese Bluse sehr schön.	I find this blouse very pretty.	

UNTERSTÜTZUNG BEI DER KLEIDERWAHL – ASSISTANCE WITH THE CHOICE OF CLOTHING

Ziehen Sie doch das an.	Why don't you try it on?	
Dieses Hemd passt gut zu dieser Hose.	This shirt matches these trousers.	
Das passt gut zusammen!	They're a good match!	
Der Reißverschluss klemmt.	The zip's stuck.	
Warten Sie. Ich mache ihn zu.	Wait a little, I'll do it up.	
Ich binde Ihnen die Schnürsenkel.	I'll tie your shoelaces.	
Soll ich Ihr Hemd zuknöpfen?	Shall I button up your shirt?	
Ich ziehe Sie an.	I'll dress you.	
Schlüpfen Sie mit den Armen in die Ärmel.	Slip your arms into the sleeves.	
Jetzt ziehe ich das Hemd über Ihren Kopf.	Now I'm going to pull your shirt over you head.	
Heben Sie das Becken ein bisschen hoch.	Raise your hips a little bit.	
Ich ziehe Ihnen die Hose an.	I'll put on your trousers.	
Ich ziehe Ihnen die Schuhe aus.	I'll take off your shoes.	

UNTERSTÜTZUNG BEIM AUFSTEHEN UND ZUBETTGEHEN – ASSISTANCE WITH GETTING UP AND GOING TO BED

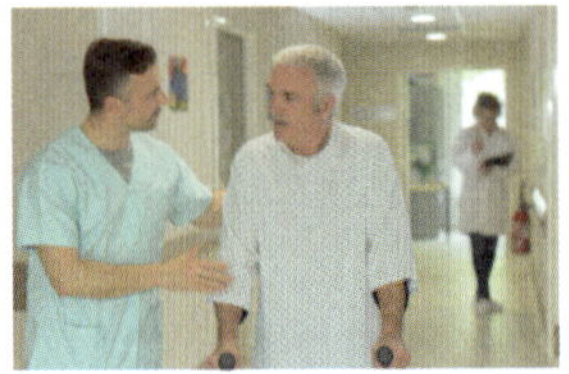

stehen

to stand

sitzen

to sit

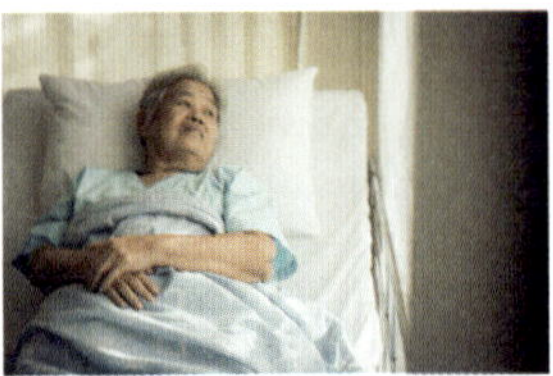

liegen

to lie

Hand geben

to give sb one's hand

sich festhalten

to hold tight

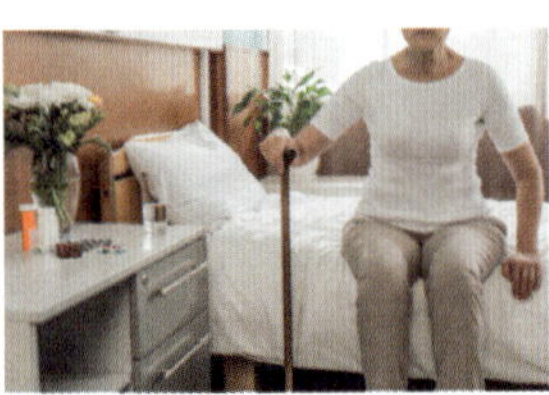

die ***Bettkante*** –n

edge of the bed

aufstehen	to stand up	
sich hinsetzen	to sit down	
sich hinlegen	to lie down	
stabil sitzen/stehen	to be sitting/standing safely	
Füße auf den Boden stellen	to put one's feet on the floor	
langsam	slowly	
langsam aufstehen	to get up slowly	
stolpern	to tumble	

TREPPENSTEIGEN – CLIMBING STAIRS

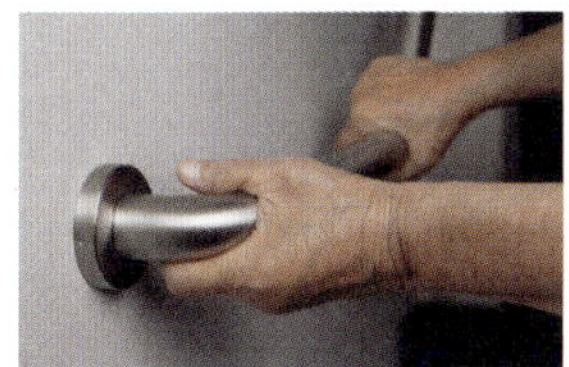

die ***Stütze*** –n
support

die ***Stufe*** –n
step

der ***Fahrstuhl*** –stühle
lift

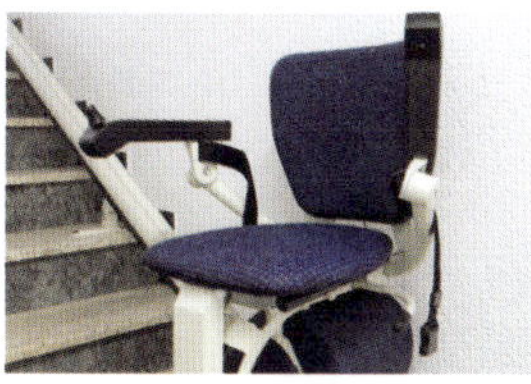

der ***Treppenlift*** –e
stair lift

Treppen steigen
to go up the stairs

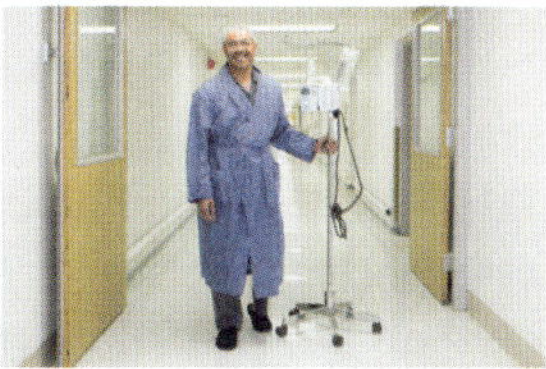

stabil stehen
to be standing safely

das ***Geländer*** –
rail

sich festhalten
to hold tight

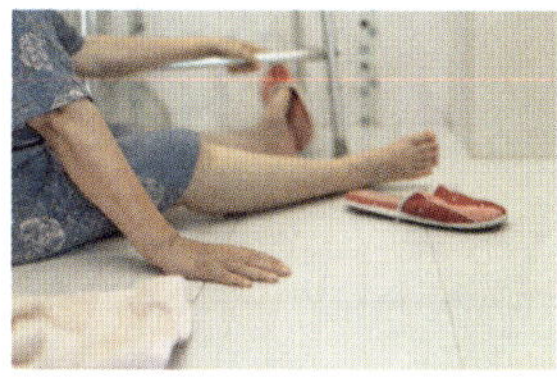

ausrutschen
slip (on sth)

das **Gleichgewicht halten**	to keep one's balance	
stürzen	to fall	
die Treppe -n	stairs	
sich abstützen	to support oneself	
den **Treppenlift benutzen**	to use the stair lift	
den **Fahrstuhl benutzen**	to use the lift	
sich festhalten	to hold tight	
keine Angst haben	to be not afraid	
sich mit beiden Händen festhalten	to hold tight with both hands	
Halten Sie sich am Geländer fest.	Keep tight hold of the rail.	
Halten Sie sich mit beiden Händen fest.	Keep tight hold with both hands.	
Gehen Sie ganz langsam.	Go very slowly.	
Ganz ruhig. Wir machen eine Pause.	Keep calm. We'll take a break.	

DIE WICHTIGSTEN SÄTZE – ESSENTIAL PHRASES

Mit diesen nützlichen Wörtern und Sätzen drücken Sie sich in den wichtigsten und häufigsten Situationen sicher aus.

IM GESPRÄCH – IN CONVERSATION

TREPPENSTEIGEN – CLIMBING STAIRS

sich auf die Bettkante setzen	to sit down on the edge of the bed	
Setzen Sie sich langsam auf die Bettkante.	Sit down slowly on the edge of the bed.	
Sitzen Sie stabil?	Are you sitting safely?	
Geben Sie mir Ihre Hand.	Give me your hand.	
Halten Sie meine Hand fest.	Hold tight my hand.	
Stellen Sie beide Füße auf den Boden.	Put both feet on the floor.	
Setzen Sie sich aufs Bett.	Sit down on the bed.	
Jetzt legen Sie sich langsam hin.	Now lie down slowly.	
Möchten Sie die Treppen nehmen?	Would you like to take the stairs?	
Benutzen Sie den Fahrstuhl.	Use the lift.	
Möchten Sie hoch laufen oder mit dem Treppenlift hoch fahren?	Do you want to climb the stairs or use the stair lift?	
Halten Sie sich an mir fest.	Keep tight hold of me.	

MENÜ- UND ESSENSPLANUNG – NUTRITIONAL AND DIETARY PLANNING

das ***Fett*** -e
fat

der ***Zucker*** –
sugar

das ***Kohlenhydrat*** -e
carbohydrate

das ***Eiweiß*** -e
protein

die ***Ballaststoffe*** Pl
dietary fibre

das ***Cholesterin*** -e
cholesterol

glutenfrei
gluten-free

laktosefrei
lactose-free

ohne Eier
egg-free

zuckerfrei	sugar-free	
die **Diät** -en	diet	
vegetarisch	vegetarian	
vegan	vegan	
die **Lebensmittelintoleranz**	food allergy	
die **Fruktose** kein Pl	fructose	
die **Glukose** kein Pl	glucose	
fasten	to fast	
der **Sprudel** kein Pl	sparkling water	
das **stille Wasser** –	still water	
die **Laktose** kein Pl	lactose	
die **Laktoseintoleranz** -en	lactose intolerance	
das/die **Vesper** -rn	afternoon snack	
das **Frühstück** -e	breakfast	
das **Mittagessen** –	lunch	
das **Abendessen** –	dinner	
der **Nachtisch** -e	dessert	
der **Snack** -s	snack	
frühstücken	to breakfast	
zu Mittag/Abend essen	to lunch/have dinner	
gerne	I like ...	
am liebsten	I like ... best	

SPEZIELLE KOST – SPECIAL DIET

die **Diät** –en	diet	
die **Kost** kein Pl	diet	
die **Schonkost** kein Pl	light diet	
die **Vollkost** kein Pl	normal diet	
die **vegetarische Kost** kein Pl	vegetarian diet	
die **leichte Kost** kein Pl	light standard diet	
die **Diabetikerkost** kein Pl	diabetes diet	
die **zuckerarme Kost** kein Pl	low-sugar diet	
Er verträgt das Essen gut.	The food agrees with him.	
Sie verträgt das Essen nicht gut.	She doesn't tolerate the food well.	
ausreichend trinken	to drink enough	
Essen/eine Mahlzeit zubereiten	to prepare food/a meal	
kochen	to cook	
Essen reichen	to serve food	
nach dem Essen abräumen	to clear up after the meal	

DIE WICHTIGSTEN SÄTZE – ESSENTIAL PHRASES

Mit diesen nützlichen Wörtern und Sätzen drücken Sie sich in den wichtigsten und häufigsten Situationen sicher aus.

IM GESPRÄCH – IN CONVERSATION

SPEZIELLE KOST – SPECIAL DIET

Wann möchten Sie frühstücken?	When would you like your breakfast?	
Um 8 Uhr oder später?	At 8 (o'clock), or later?	
Möchten Sie heute lieber Kaffee oder Tee?	Would you prefer coffee or tea today?	
Wann ist Mittag-essen?	What time is lunch?	
Das Mittagessen ist um 13 Uhr.	Lunch is at 1 o'clock.	
Das Essen ist fertig.	Food's ready.	
Es gibt Nudelauflauf.	It's baked pasta.	
Ich habe eine Suppe gekocht.	I've made soup.	
Schmeckt das gut?	Do you like it?	
Brauchen Sie Salz?	Do you need salt?	
Was essen Sie gerne zum Frühstück/ Mittag/Abend?	What do you like eating for breakfast/lunch/ dinner?	
Wie viele Scheiben Brot möchten Sie?	How many slices of bread do you want?	
Was ist Ihr Lieblings-essen?	What's your favourite food?	

SPEZIELLE KOST – SPECIAL DIET		
Es gibt 3 Hauptmahlzeiten am Tag.	There'll be three meals a day.	
Als Zwischenmahlzeit gibt es Obst oder belegte Brote.	For snacks there'll be fruit or sandwiches.	
Trinken Sie Sprudel oder stilles Wasser?	Do you prefer sparkling or still water?	
Heute gibt es Kaffee und Kuchen.	Today there's coffee and cake.	
Brauchen Sie Zucker zu Ihrem Kaffee?	Would you like sugar in your coffee?	
Nehmen Sie Zucker oder Süßstoff?	Do you take sugar or sweetener?	
Als Nachtisch gibt es Apfelstrudel.	There's apple strudel for dessert.	
Sie Sind auf Diät.	You're on a diet.	
Sie sollten kein Zucker/weniger Fett essen.	You shouldn't be eating sugar/you should be eating less fat.	
Frau Meier hat Verdauungsbeschwerden.	Ms Meier has trouble digesting.	
Sie verträgt nur Schonkost.	Only a light diet agrees with her.	
Herr Müller hat Laktoseintoleranz.	Mr Müller has a lactose intolerance.	
Er verträgt keine Milchprodukte.	Dairy products don't agree with him.	
Diabetikerkost enthält wenig Zucker.	A diabetes diet contains little sugar.	

VOR- UND ZUBEREITUNG VON MAHLZEITEN – PREPARING MEALS		
kochen	to cook	
belegen	to make sandwiches	
garen	to cook	
braten	to fry	
eine Mahlzeit vorbereiten	to prepare a meal	
Essen zubereiten	to prepare food	
Ich bereite das Frühstück vor.	I'll make breakfast.	
Ich koche das Mittagessen.	I'll cook lunch.	
Ich habe einen Pflaumenkuchen gebacken.	I've baked a plum cake.	
Ich habe die Gemüsesuppe püriert.	I've strained the vegetable soup.	
Ich bereite das/die Vesper vor.	I'll prepare the afternoon snack.	

BEIM ESSEN HELFEN - ASSISTED EATING

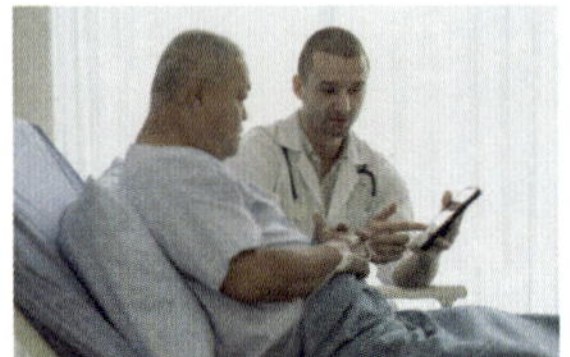

aufrecht sitzen
to sit up

der ***Trinkhalm*** -e
(drinking) straw

der ***Schnabelbecher*** -
cup with spout

am Tisch essen
to eat at the table

im Bett essen
to eat in bed

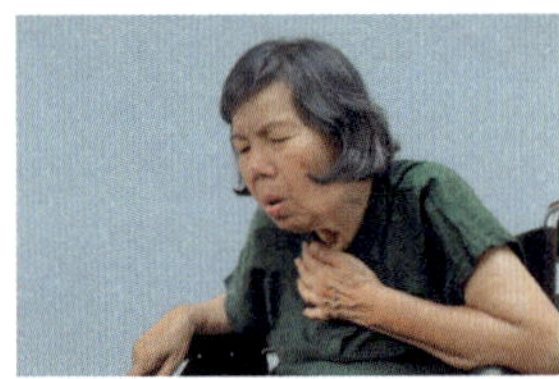

sich verschlucken
to swallow the wrong way

umfüllen	to pour into something else	
Tischtablett	table tray	
klein schneiden	to cut into small pieces	
füttern	to feed	

DIE WICHTIGSTEN SÄTZE – ESSENTIAL PHRASES

Mit diesen nützlichen Wörtern und Sätzen drücken Sie sich in den wichtigsten und häufigsten Situationen sicher aus.

IM GESPRÄCH – IN CONVERSATION

BEIM ESSEN HELFEN – ASSISTED EATING

das ***Erwachsenenlätzchen –***	adult bib	
Brotrinde wegschneiden	to cut off the crust	
rutschfeste Unterlage	anti-slip mat	
das Kopfteil hochstellen	to raise the head section	
das ***Seniorengeschirr*** –e	tableware for the elderly	
Brot in kleine Stücke schneiden	to cut bread into small pieces	
Ich helfe Ihnen beim Essen.	I'll help you to eat.	
Soll ich Sie füttern?	Shall I feed you?	
Ich stelle Ihnen das Kopfteil hoch.	I'll raise your head.	
Ich binde Ihnen ein Lätzchen/eine Serviette um.	I'll tie on a bib/napkin.	
Ich schneide das Essen in kleine Stücke.	I'll cut your food into small pieces.	
Hier ist das Besteck.	Here's the cutlery.	
Ich streiche die Butter aufs Brot.	I'll spread the butter on your bread.	

BEIM ESSEN HELFEN – ASSISTED EATING		
Möchten Sie mehr Marmelade/Käse?	Would you like more marmalade/cheese?	
Können Sie alleine essen?	Can you eat by yourself?	
Das schmeckt lecker.	It tastes very good.	
Probieren Sie mal!	Try some!	
Sie können die Suppe aus dem Schnabelbecher trinken.	You can drink your soup through the spout.	
Ist das Essen zu heiß?	Is your food too hot?	
Essen Sie langsam, damit Sie sich nicht verschlucken.	Eat slowly so you don't swallow the wrong way.	
Guten Appetit!	Enjoy your meal!	
Sind Sie mit dem Essen fertig?	Have you finished eating?	
Kann ich abräumen?	Can I clear away?	
Möchten Sie noch mehr essen?	Would you like to eat some more?	
Kann ich das Tablett mitnehmen?	Can I take away the tray?	

VORRATSHALTUNG – STORING FOOD

die ***Speisekammer*** –n
larder

....

das ***Regal*** –e
shelf

....

der ***Vorrat*** –vorräte
supplies

....

die ***Konserve*** –n
preserve

....

das ***Glas*** –Gläser
jar

....

die ***Flasche*** –n
bottle

....

die ***Dose*** –n
tin

....

die ***Packung*** –en
packet

....

die ***H-Milch*** –
UHT milk

....

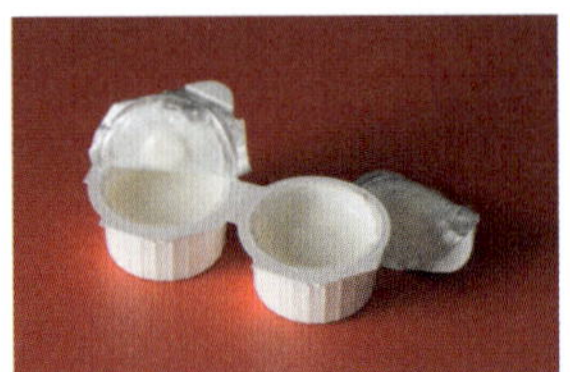

die ***Kondensmilch*** –
UHT cream

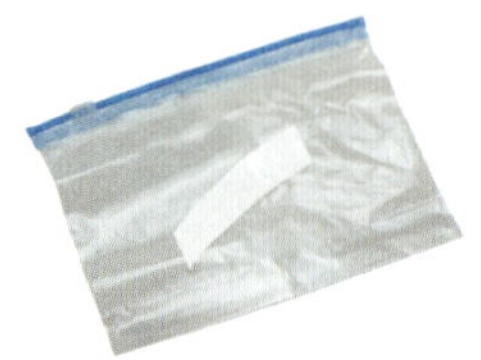

der ***Gefrierbeutel*** –
freezer bag

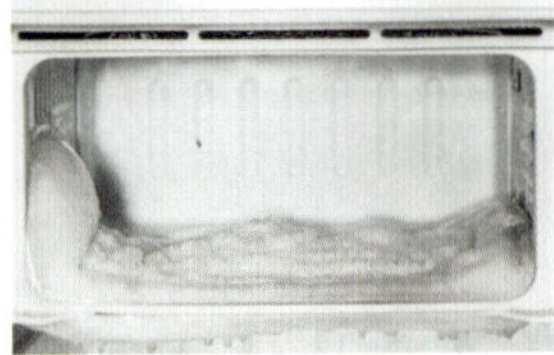

das ***Tiefkühlfach*** –fächer
freezer

die ***Tiefkühlvorräte*** Pl
frozen supplies

die ***Tiefkühlpizza***
–as/–pizzen
frozen pizza

Brot auftauen
to defrost bread

schlecht	no good	
abgelaufen	past the best before date	
haltbar	imperishable	
Essen einfrieren	to freeze food	
auf Vorrat kochen	to cook extra portions	
Reste aufbewahren	to keep the leftovers	
Reste einfrieren	to freeze the leftovers	

DIE WICHTIGSTEN SÄTZE - ESSENTIAL PHRASES

Mit diesen nützlichen Wörtern und Sätzen drücken Sie sich in den wichtigsten und häufigsten Situationen sicher aus.

IM GESPRÄCH - IN CONVERSATION

VORRATSHALTUNG - STORING FOOD

Essen im Gefrierbeutel einfrieren	to freeze food in a bag	
Wir haben kein frisches Gemüse mehr.	We're out of fresh vegetables.	
Es gibt nur Dosen-Gemüse.	There's only tinned vegetables.	
Im Tiefkühlfach ist noch eine Portion Braten mit Soße.	There's still a portion of roast with sauce in the freezer.	
Die Milch ist leider schlecht. Wir müssen sie wegschütten.	Sorry, the milk has gone bad. We'll have to pour it away.	
Wir können die Reste einfrieren.	We can freeze the leftovers.	
Die Butter ist schon längst abgelaufen.	The butter is well past the best by date.	
Geschnittenes Brot lässt sich besser auftauen.	Sliced bread is easier to defrost.	
Haben wir Tomaten in der Dose? Wir könnten Spaghetti machen.	Have we got tinned tomatoes? We could make some spaghetti.	
Dosen-Produkte sind lange haltbar.	Tinned products keep longer.	

WÄSCHE WASCHEN UND BÜGELN – DOING THE LAUNDRY AND IRONING

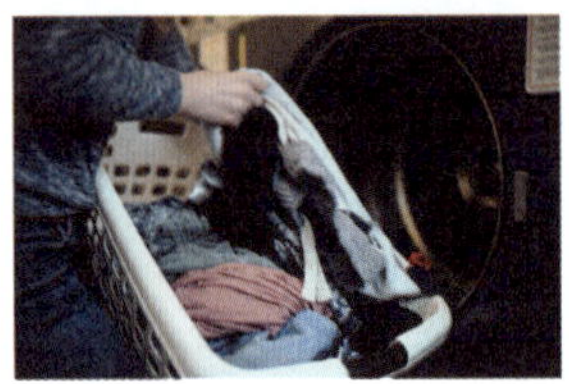

die ***Wäsche*** Pl
laundry

sortieren
to sort

trocknen
to tumble-dry

aufhängen
to hang up

bügeln
to iron

zusammenlegen
to fold

die **Wäscheladung** -en	wash	
waschen	to wash	
trocknen (an der frischen Luft)	to dry (in the fresh air)	
einräumen	to put away	
der **Kleiderschrank** -schränke	wardrobe	
schmutzig	dirty	
zerknittert	crease	
die **Flecke** -n	stain	

DIE WICHTIGSTEN SÄTZE – ESSENTIAL PHRASES

Mit diesen nützlichen Wörtern und Sätzen drücken Sie sich in den wichtigsten und häufigsten Situationen sicher aus.

IM GESPRÄCH – IN CONVERSATION

WÄSCHE WASCHEN UND BÜGELN – DOING THE LAUNDRY AND IRONING

Ich wasche die Wäsche.	I'll do the laundry.	
Ich habe die Handtücher gewaschen.	I've washed the towels.	
Diese hartnäckigen Flecken!	These tough stains!	
Ich mache noch eine Wäscheladung.	I'll just do another wash.	
Soll ich noch etwas waschen?	Shall I wash something else?	
Brauchen Sie frische Wäsche?	Do you need fresh laundry?	
Benutzen Sie destilliertes Wasser für das Bügeleisen.	Use distilled water when ironing.	
Bitte bügeln Sie das.	Please iron this.	
Die Hemden müssen gebügelt werden.	The shirts need to be ironed.	
Ich habe die Wäsche zusammengelegt.	I've folded the laundry.	
Ich räume die Wäsche in die Schränke ein.	I'll put the laundry away in the wardrobe.	

BETTEN BEREITEN UND BETTWÄSCHE WECHSELN - MAKING AND CHANGING BEDS

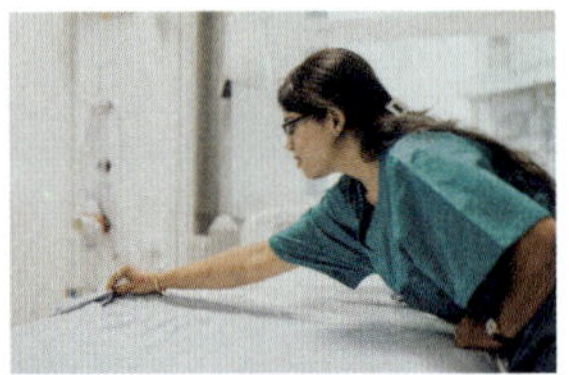

das **Bettlaken** –
sheet

der **Bezug** –bezüge
cover

der **Kopfkissenbezug** –bezüge
pillow cover

der **Bettdeckenbezug** –bezüge
duvet cover

das **Stecklaken** –
incontinence sheet

die **Inkontinenzeinlage** –n
incontinence pad

das **Bett frisch beziehen**	to put on clean sheets	
das **Kissen aufschütteln**	to plump up the pillow	
das **Bett tiefer stellen**	to lower the bed	
das **Kissen überziehen** –	to put a cover on the pillow	
das **Laken glatt ziehen**	to smooth (down) the sheet	
den **Bezug wenden**	to reverse the cover	

DIE WICHTIGSTEN SÄTZE – ESSENTIAL PHRASES

Mit diesen nützlichen Wörtern und Sätzen drücken Sie sich in den wichtigsten und häufigsten Situationen sicher aus.

IM GESPRÄCH – IN CONVERSATION

BETTEN BEZIEHEN – CHANGING BEDS

den Patienten wieder zudecken	to pull the bedclothes back over the patient	
Ich möchte Ihr Bett frisch beziehen.	I'd like to put new sheets on your bed.	
Ich stelle Ihr Bett tiefer.	I'll lower your bed.	
Ich möchte Ihren Kissenbezug wechseln.	I'd like to change your pillow case.	
Ich werde den Kissenbezug abziehen und das Kissen frisch beziehen.	I'll take off the old cover and put on a clean one.	
Ich werde Ihr Kissen aufschütteln.	I'll plump up your pillow.	
Das Laken hat viele Falten. Ich ziehe es glatt.	The sheet is full of creases. I'll smooth it down.	
Ich decke Sie wieder zu.	I'll tuck you in again.	

REINIGEN UND PUTZEN DER WOHNUNG – CLEANING THE HOME

Fenster putzen	to clean windows	
den **Boden mit einem Besen fegen**	to sweep the floor	
den **Boden wischen**	to mop the floor	
den **Boden nass wischen**	to mop the floor	
das **Bücherregal abstauben**	to dust the bookshelf	
die **Toilette putzen**	to clean the toilet	
Kalk entfernen	to descale	
das **Waschbecken putzen**	to clean the washbasin	
die **Küche sauber machen**	to clean the kitchen	
Polster reinigen	to clean the upholstery	
Flecken entfernen	to remove stains	

MÜLLENTSORGUNG – TAKING OUT REFUSE

der ***Abfall*** -fälle
waste

Müll trennen
to sort waste

der ***gelbe Sack*** Säcke
yellow waste bag for recyclable material

die ***gelbe Tonne*** -n
yellow waste bin for recyclable material

der ***Container*** -
bin

der ***Biomüll*** kein Pl
biodegradable waste

Staub wischen	to dust	
die **braune/grüne Tonne** -n	brown green waste bin for biodegradable material	
die **schwarze Tonne** -n	black waste bin for other materials	

der ***Restmüll*** –
other waste

die ***Altpapiertonne*** –n
waste-paper bin

das ***Altglas*** –gläser
waste glass

der ***Altglascontainer*** –
waste-glass bin

den ***Müll rausbringen***
to take out the rubbish

die ***Müllabfuhr*** –en
waste collection

der **Müll** kein Pl	rubbish	
mit feuchtem Tuch wischen	to wipe with a damp cloth	
im Schrank Ordnung machen	to tidy the cupboard	
aussortieren	to sort out	
Kleider aussortieren	to sort out clothes	
alte Kleidung in den Altkleidercontainer werfen	to throw clothes in the used-clothes container	

DIE WICHTIGSTEN SÄTZE – ESSENTIAL PHRASES

Mit diesen nützlichen Wörtern und Sätzen drücken Sie sich in den wichtigsten und häufigsten Situationen sicher aus.

IM GESPRÄCH – IN CONVERSATION

MÜLLTRENNUNG – WASTE SORTING

Wohin gehören die Plastikflaschen?	Where do the plastic bottles go?	
Was gehört in die braune Tonne?	What goes in the brown bin?	
Der Bio-Müll gehört in die braune Tonne.	Biodegradable waste goes in the brown bin.	
Was gehört in die schwarze Tonne?	What goes in the black bin?	
Der Restmüll gehört in die schwarze Tonne.	All other waste goes in the black bin.	
etwas wegwerfen	to throw something away	
etwas entsorgen	to dispose of something	
Ich muss das wegwerfen.	I'll have to throw that away.	
Das Essen ist schlecht geworden. Wir müssen es wegwerfen.	The food's gone bad. We'll have to throw it away.	
Ich bin kurz weg. Ich muss den Müll rausbringen.	I'll be back in a second, I've got to take out the rubbish.	
Morgen ist die Müllabfuhr.	The bins will be emptied tomorrow.	

HAUSTIERHALTUNG UND -VERSORGUNG – KEEPING AND LOOKING AFTER PETS

der ***Hund*** –e
dog

der ***Welpe*** –n
whelp

die ***Katze*** –n
cat

das ***Trockenfutter*** –
dry food

der ***Snack*** –s
titbit

der ***Fressnapf*** –näpfe
(feeding) bowl

die ***Napfunterlage*** –n
mat

die ***Hundehütte*** –n
kennel

das ***Hundebett*** –en
dog bed

der ***Beutel*** –
bag

die ***Kotschaufel*** –n
poop scoop

der ***Maulkorb*** –körbe
muzzle

das ***Halsband*** –bänder
(dog) collar

die ***Leine*** –n
lead

Hund an der Leine –
dog on a lead

das ***Kätzchen***
kitten

das ***Katzenklo*** –s
litter box

die ***Transportbox*** –en
pet carrier

das **Flohband** –bänder
flea collar

die **Fusselrolle** –n
lint roller

die **Polsterbürste** –n
upholstery brush

die **Katzenklappe** –n
cat flap

die **Zecke** –n
tick

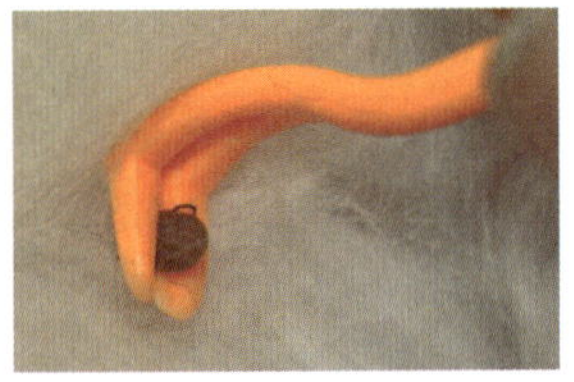

Zecke entfernen
to remove a tick

der **Hundekorb** –Körbe
dog basket

das **Hundespielzeug** –
dog toy

das **Leckerli** fam
(cat/dog) treats

mit dem Hund Gassi gehen	to take the dog for a walk	
der **Hundekot** kein Pl	dog dirt	
der **Hundekotbeutel** –	poop bag	
Hundekot aufsammeln	to pick up dog poop	
eine Kotschaufel benutzen	to use a poop scoop	
den **Maulkorb/***das* **Halsband anziehen**	to put on the muzzle/ collar	
der **Befehl** –e	command	
das **Kommando** –s	command	
mit dem Hund spazieren gehen	to take the dog for a walk	
den **Hund an der Leine halten**	to keep the dog on a lead	
Pfote!	Shake hands!	
Sitz!	Sit!	
das **Katzenstreu** kein Pl	cat litter	
das **Katzenfutter** kein Pl	cat food	
die **Katzennetz** –e	cat net	
das **Schutzgitter** –	grille	
das **Zeckenmittel** –	tick remover	
der **Käfig** –e	cage	
den **Käfig sauber machen**	to clean the cage	
der **Zooladen** –läden	pet shop	
das **Tier** –e	animal	
das **Haustier** –e	pet	
das **Hundefutter** kein Pl	dogfood	
das **Hundekissen** –	dog cushion	
die **Kuschelmatte** –n	soft mat	

PFLEGE VON ZIMMERPFLANZEN – LOOKING AFTER POT PLANTS

der **Blumentopf** –töpfe
flowerpot

der **Untersetzer** –
saucer

gießen
to water

die **Erde** –n
soil

die **Blumenvase** –n
(flower) vase

die **Gießkanne** –n
watering can

verwelkt	wilted	
die **Pflanze** –n	plant	
düngen	to fertilize	
das **Düngemittel** –	fertilizer	
zu viel Wasser	too much water	
zu wenig Wasser	too little water	
Pflanze umtopfen	to repot a plant	
die **Blume** –n	flower	
Blumenwasser wechseln	to change the water	

HILFE BEIM ZUBETTGEHEN – ASSISTANCE WITH GOING TO BED

der ***Pyjama*** –s
pyjamas

die ***Nachttischlampe*** –n
bedside lamp

das ***Zimmer lüften***
to air a room

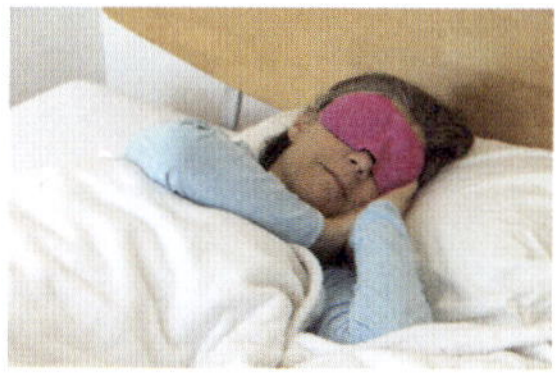

Schlafmaske
sleeping mask

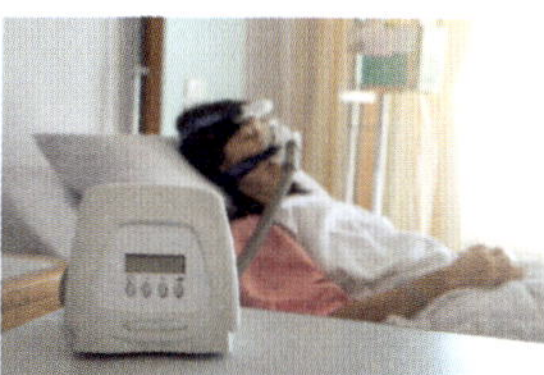

Atemgerät
respirator

die ***Schlaflosigkeit***
sleeplessness

sich umziehen	to change	
sich ausziehen	to undress	
das **Nachthemd** –en	nightshirt	
anziehen	to put on	
das Licht ausmachen	to switch off the light	
die **Abendtoilette** –n	evening toilet	

DIE WICHTIGSTEN SÄTZE – ESSENTIAL PHRASES

Mit diesen nützlichen Wörtern und Sätzen drücken Sie sich in den wichtigsten und häufigsten Situationen sicher aus.

IM GESPRÄCH – IN CONVERSATION

ABENDTOILETTE – EVENING TOILET

Brauchen Sie Hilfe bei der Abendtoilette?	Do you need help with your evening toilet?	
Ja, helfen Sie mir bitte bei den Knöpfen.	Yes, please help me with the buttons.	
Ich helfe Ihnen beim Umziehen.	I'll help you change.	
Ich habe das Zimmer gelüftet. So schlafen Sie besser.	I've aired the room. You'll sleep better then.	
Ist es hier warm genug?	Is it warm enough for you?	
Brauchen Sie eine zweite Decke?	Do you need another blanket?	
Liegen Sie bequem?	Are you lying comfortably?	
Brauchen Sie eine Knierolle?	Do you need a knee roll?	
Möchten Sie noch etwas trinken?	Would you like some more to drink?	
Soll ich das Licht ausmachen?	Shall I switch off the light?	
Soll ich noch kurz da bleiben?	Shall I stay with you for a while?	
Träumen Sie schön!	Sweet dreams!	
Schlafen Sie gut!	Sleep well!	
Gute Nacht!	Good night!	

ERINNERUNG AN DIE EINNAHME VON MEDIKAMENTEN – REMINDING TO TAKE MEDICATION

einnehmen
to take

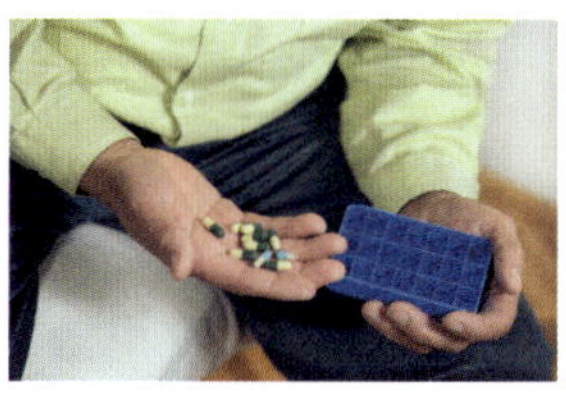

vergessen
to forget

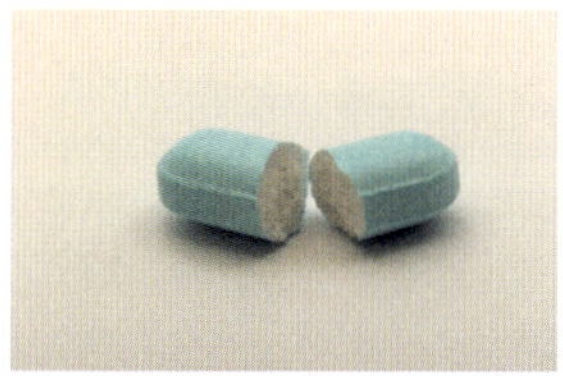

Tabletten teilen
to split tablets

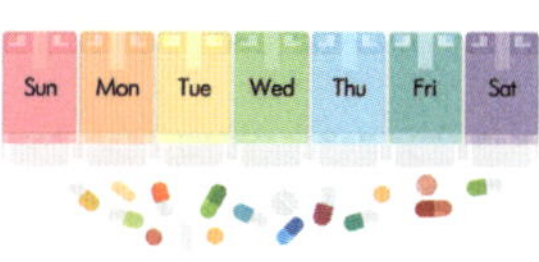

die **Pillenschachtel** –n
pillbox

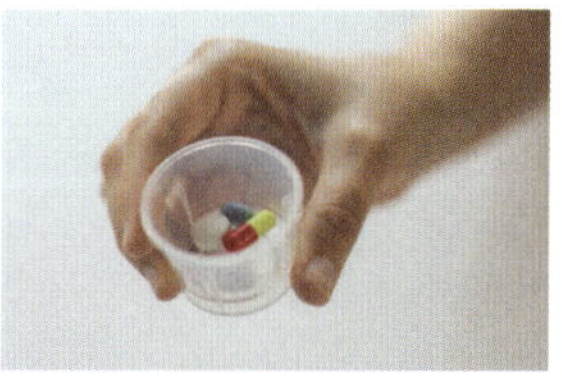

der **Pillenbecher** –
pill cup

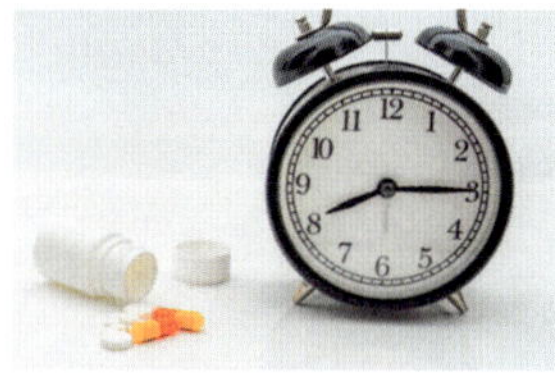

regelmäßig
regularly

das **Medikament** **–e**	medication	
die **Medizin** kein Pl	medicine	
regelmäßig einnehmen	to take regularly	
herunterschlucken	to swallow (whole)	
die **Schluckbeschwerden** Pl	difficulty swallowing	
lauwarmes Wasser	lukewarm water	
sich weigern	to refuse	

DIE WICHTIGSTEN SÄTZE – ESSENTIAL PHRASES

Mit diesen nützlichen Wörtern und Sätzen drücken Sie sich in den wichtigsten und häufigsten Situationen sicher aus.

IM GESPRÄCH – IN CONVERSATION

ERINNERUNG AN DIE EINNAHME VON MEDIKAMENTEN – REMINDING TO TAKE MEDICATION

Frau Starck, hier ist Ihre Medizin.	Ms Starck, here's your medication.	
Sie müssen sie einnehmen.	You must take it.	
Es ist wichtig, dass Sie Ihre Medikamente regelmäßig einnehmen.	It's important that you take your medication regularly.	
Sie sollten diese Tabletten herunterschlucken.	You should swallow these tablets (whole).	
Brauchen Sie mehr Wasser?	Do you need more water?	
Brauchen Sie einen Strohhalm?	Do you need a straw?	
Geht das gut?	Are you coping okay?	
Ist diese Tablette zu groß?	Is this tablet too big?	
Ich kann sie teilen.	I can split it.	
Herr Maier hat Probleme beim Schlucken.	Mr Maier has problems swallowing.	
Dieses Medikament hilft Ihnen.	This medication will help you.	

INKONTINENZVERSORGUNG, HILFE BEIM TOILETTENGANG – INCONTINENCE CARE, ASSISTED TOILETING

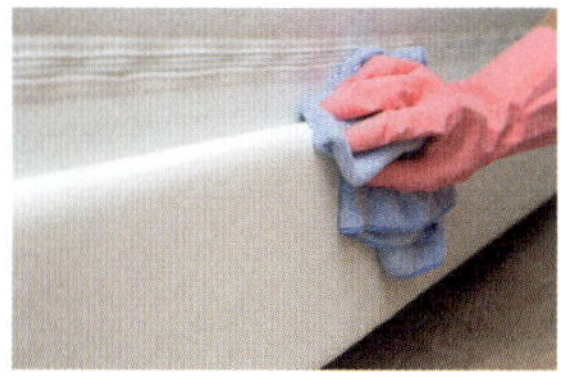

aufwischen
to wipe up

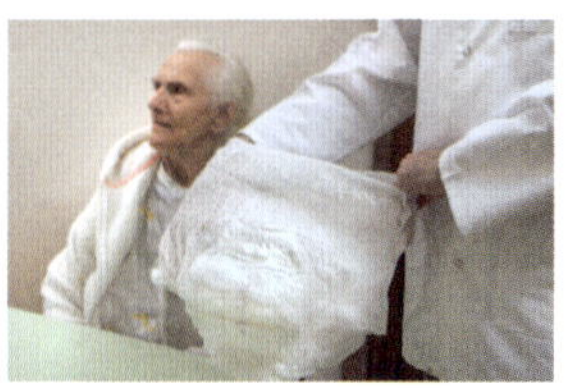

die ***Windelhose*** **–n**
adult nappy

der ***Inkontinenzbezug*** **–bezüge**
incontinence cover

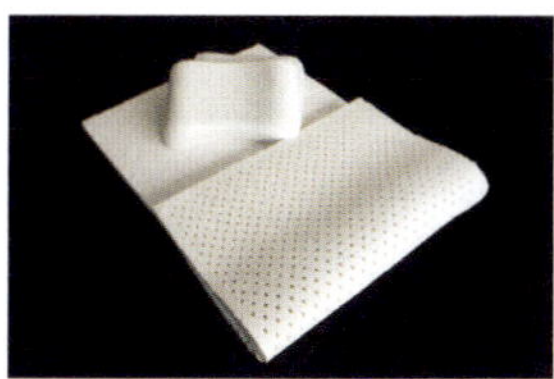

der ***Matratzenschutz*** **–schutze**
mattress protector

der ***Inkontinenzslip*** **–s**
incontinence briefs

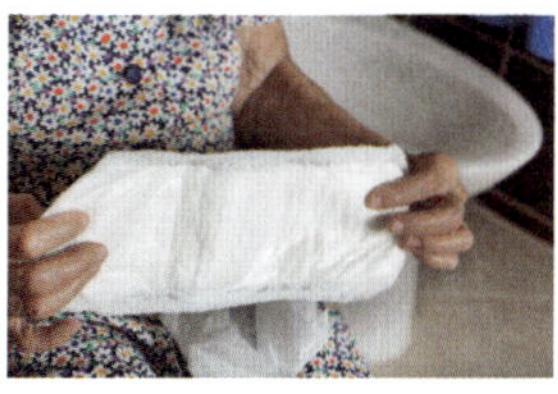

die ***Inkontinenzeinlage*** **–n**
incontinence pad

die **Inkontinenz –**	incontinence	
die **Einlage –n**	pad	
die **Harninkontinenz –**	urinary incontinence	
die **Stuhlinkontinenz –**	faecal incontinence	
das **peinliche Missgeschick –e**	embarrassing mishap	
die **Vorlage –n**	(incontinence) pad	
kein Problem	no problem	

DAS TELEFON – TELEPHONE

das ***Display*** –s
display

das ***Telefonbuch*** –bücher
telephone directory

der ***Anrufbeantworter*** –
answering machine

der ***Telefonhörer*** –
receiver

das ***Kabel*** –
cable

das ***Tastenfeld*** –er
telephone keypad

jemanden anrufen	to call somebody	
wählen	to dial	
klingeln	to ring	

DIE WICHTIGSTEN SÄTZE – ESSENTIAL PHRASES

Mit diesen nützlichen Wörtern und Sätzen drücken Sie sich in den wichtigsten und häufigsten Situationen sicher aus.

IM GESPRÄCH – IN CONVERSATION

DAS TELEFON – TELEPHONE

Ich möchte bitte ... sprechen.	I'd like to speak to ..., please.	
Entschuldigung, ich habe mich verwählt.	Sorry, I've dialled the wrong number.	
Ich möchte einen Termin für Frau Starck ausmachen.	I'd like to make an appointment for Ms Starck.	
Ich stelle Sie durch.	I'll put you through.	
Bitte hinterlassen Sie eine Nachricht nach dem Signalton.	Please leave a message after the tone.	
Können Sie mich bitte zurückrufen?	Could you ring me back please?	
das ***schnurlose Telefon***	cordless phone	
der ***Hörer*** –	receiver	
abheben	to answer	
auflegen	to hang up	
die ***Basisstation*** –en	base	

BETREUUNG AUßER HAUS

CARE SERVICES OUTSIDE OF THE HOME

DIE WICHTIGSTEN SÄTZE – ESSENTIAL PHRASES

Mit diesen nützlichen Wörtern und Sätzen drücken Sie sich in den wichtigsten und häufigsten Situationen sicher aus.

IM GESPRÄCH – IN CONVERSATION

EINKAUFEN GEHEN – GOING SHOPPING

die **Einkäufe** Pl	shopping	
im Supermarkt einkaufen	to go to the supermarket	
beim Discounter einkaufen	to go to the discounter	
zum Bäcker gehen	to go to the baker's	
zum Metzger gehen	to go to the butcher's	
im Sanitätshaus einkaufen	to go for some healthcare supplies	
im Reformhaus einkaufen	to go for some health food	
auf dem Markt einkaufen	to go shopping on the market	
die **Einkaufsliste** –n	shopping list	
eine Einkaufsliste schreiben	to make a shopping list	
Was brauchen Sie?	What do you need?	
Brauchen wir Kaffee?	Do we need coffee?	
Ich brauche frisches Obst.	I need fresh fruit.	
Ich brauche nichts, danke.	I don't need anything, thank you.	

EINKAUFEN GEHEN – GOING SHOPPING		
Wir haben kein Kaffeepulver mehr.	We're out of instant coffee.	
Der Zucker ist alle.	There's no sugar.	
Uns fehlt ...	We need ...	
Wir müssen ... einkaufen.	We've got to go for ...	
Ich muss einkaufen.	I've got to do some shopping.	
Heute fahre ich einkaufen.	Today I'll take the car for the shopping.	
Möchten Sie mitkommen?	Would you like to come along?	
Nein, ich bin sehr erschöpft.	No, I'm exhausted.	
Gehen wir zusammen einkaufen?	Shall we do the shopping together?	
Sie müssen alleine Einkaufen gehen.	You must do the shopping alone.	
Soll ich zum Supermarkt gehen?	Shall I go to the supermarket?	
Soll ich Fleisch im Supermarkt oder beim Metzger holen?	Shall I get the meat from the supermarket or the butcher's?	
Der Supermarkt ist günstiger.	The supermarket is cheaper.	
Beim Metzger ist das Fleisch aber besser.	But the meat is better at the butcher's.	
Wo kaufe ich Pflaumen?	Where can I get plums?	
Am besten auf dem Markt.	You're best going to the market.	

EINKAUFEN GEHEN – GOING SHOPPING		
Wo kaufe ich frischen Fisch?	Where can I get fresh fish?	
An der Fischtheke im Supermarkt.	At the fish counter in the supermarket.	
Was kostet der Lachs?	How much is the salmon?	
beim Metzger	at the butcher's	
Was darf es sein?	How may I help you?	
Ich hätte gerne 200 Gramm Lyoner.	I'd like 200 grams of bologna.	
Darf es noch etwas sein?	Will that be all?	
Nein, das ist alles, danke!	That's all, thank you!	

BEIM BÄCKER – AT THE BAKER'S		
Guten Tag! Ich hätte gerne 5 Tafelbrötchen.	Good morning/afternoon! I'd like five bread rolls please.	
Bitte schön. Ist das alles?	There you are. Will that be all?	
Ich nehme noch ein Roggenbrot.	I'd like a rye loaf as well, please.	
Am Stück oder geschnitten?	Shall I slice it for you?	
Geschnitten, bitte.	Yes please.	
Kommt noch was dazu?	Would you like anything else?	
Nein, danke.	No thank you.	
Das macht 4 Euro und 30 Cent.	That'll be four euros and thirty cents.	

RELIGION - RELIGION

die **Kirche** -n
church

der **Kirchturm** -türme
spire

das **Gebetsbuch** -bücher
prayer book

der **Rosenkranz** -kränze
rosary

der **Priester** -
priest

die **Nonne** -n
nun

der **Gott** -götter	God	
der **Gottesdienst** -e	(church) service	
die **Messe** -n	Mass	
der **Altar** -e	altar	
der **Pfarrer** - *die* **Pfarrerin** -nen	parson	
die **Predigt** -en	sermon	
die **Moschee** -n	mosque	
der **Glaube/Glauben** -en/-	faith	

der **Friedhof** -höfe
cemetery

die **Blume** -n
flower

das **Grab** Gräber
grave

die **Kerze** -n
candle

das **Grab pflegen**
to tend a grave

die **(Sitz-)Bank** Bänke
pew

glauben an	to believe in	
an Gott glauben	to believe in God	
das **Gebet** -e	prayer	
beten	to pray	
christlich	Christian	
katholisch	Catholic	
evangelisch	Protestant	
islamisch	Muslim	
der **Atheist** -en *die* **Atheistin** -nen	atheist	

KULTURELLE VERANSTALTUNGEN – CULTURAL EVENTS

das **Konzert** –e
concert

das **Kino** –s
cinema

das ***Theater*** –
theatre

die **Bibliothek** –en
library

das **Ballett** Ballette
ballet

die **Oper** –n
opera

das **Theaterstück** –e	play	
der **Schauspieler** – *die* **Schauspielerin** –nen	actor actress	
das **Dorffest** –e	village fair	
das **Straßenfest** –e	street festival	
das **Kirchenfest** –e	church festival	
das **Museum** Museen	museum	
die **Kunstausstellung** –en	art exhibition	
die **Veranstaltung** –en	event	
die **Eintrittskarte** –n	(admission) ticket	

ÄRZTLICHE BEHANDLUNG

MEDICAL TREATMENT

DER KÖRPER – THE BODY

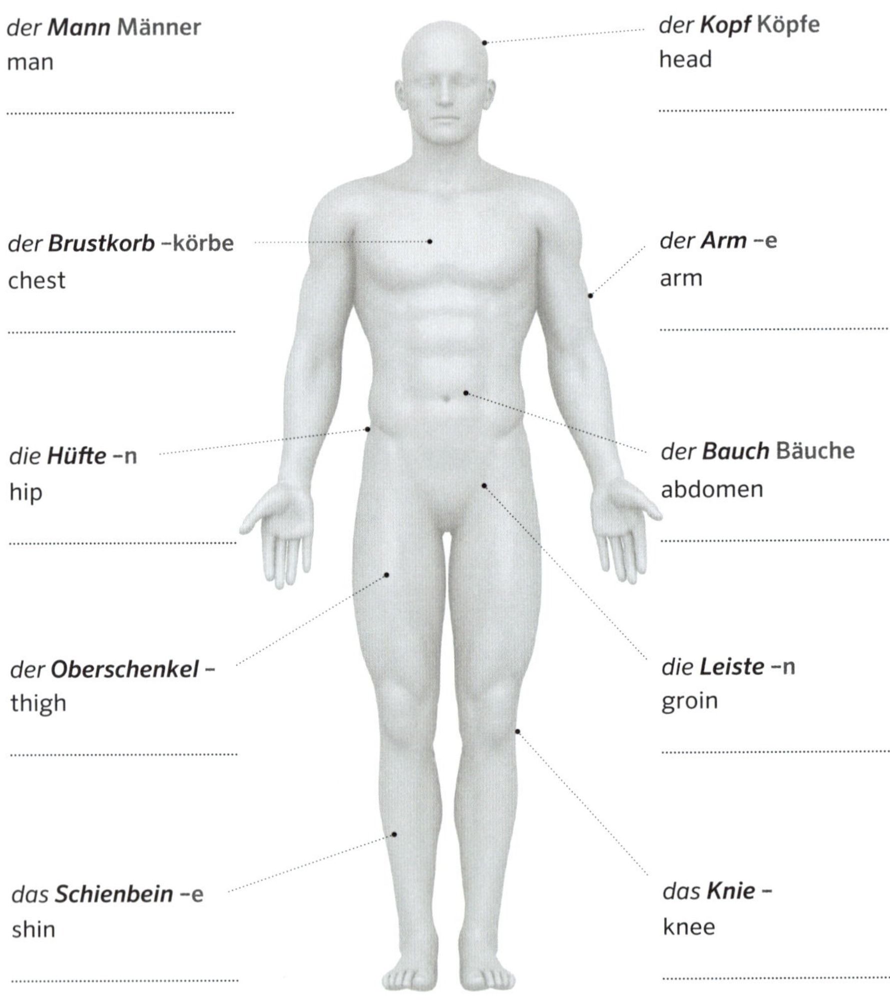

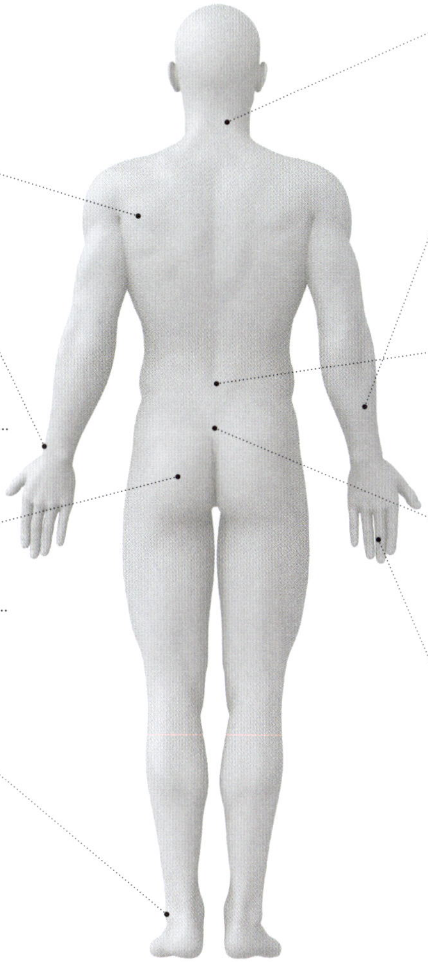

der ***Mann*** Männer
man

das ***Schulterblatt*** -blätter
shoulder blade

das ***Handgelenk*** -e
wrist

die ***Gesäßbacke*** -n
buttock

der ***Knöchel*** -
ankle

der ***Nacken*** -
nape

der ***Unterarm*** -e
forearm

der ***Rücken*** -
back

die ***Lende*** -n
lower back

die ***Hand*** Hände
hand

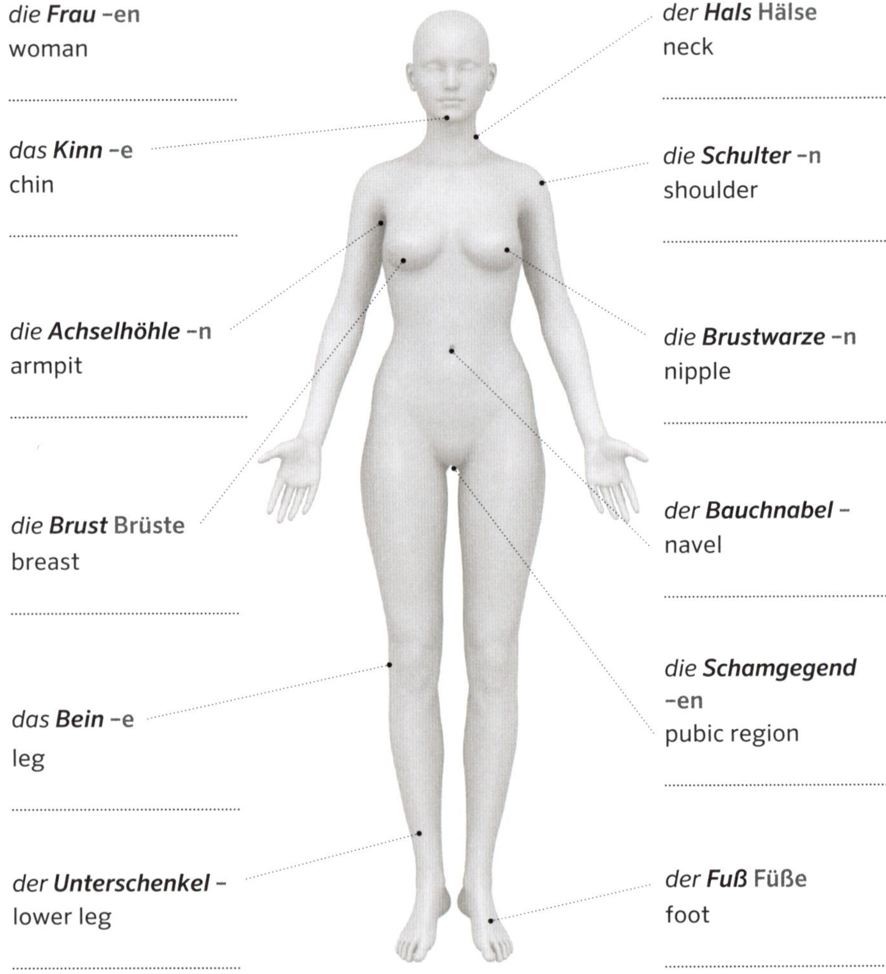
die ***Frau*** **–en**
woman
das ***Kinn*** **–e**
chin
die ***Achselhöhle*** **–n**
armpit
die ***Brust*** **Brüste**
breast
das ***Bein*** **–e**
leg
der ***Unterschenkel*** **–**
lower leg
der ***Hals*** **Hälse**
neck
die ***Schulter*** **–n**
shoulder
die ***Brustwarze*** **–n**
nipple
der ***Bauchnabel*** **–**
navel
die ***Schamgegend*** **–en**
pubic region
der ***Fuß*** **Füße**
foot

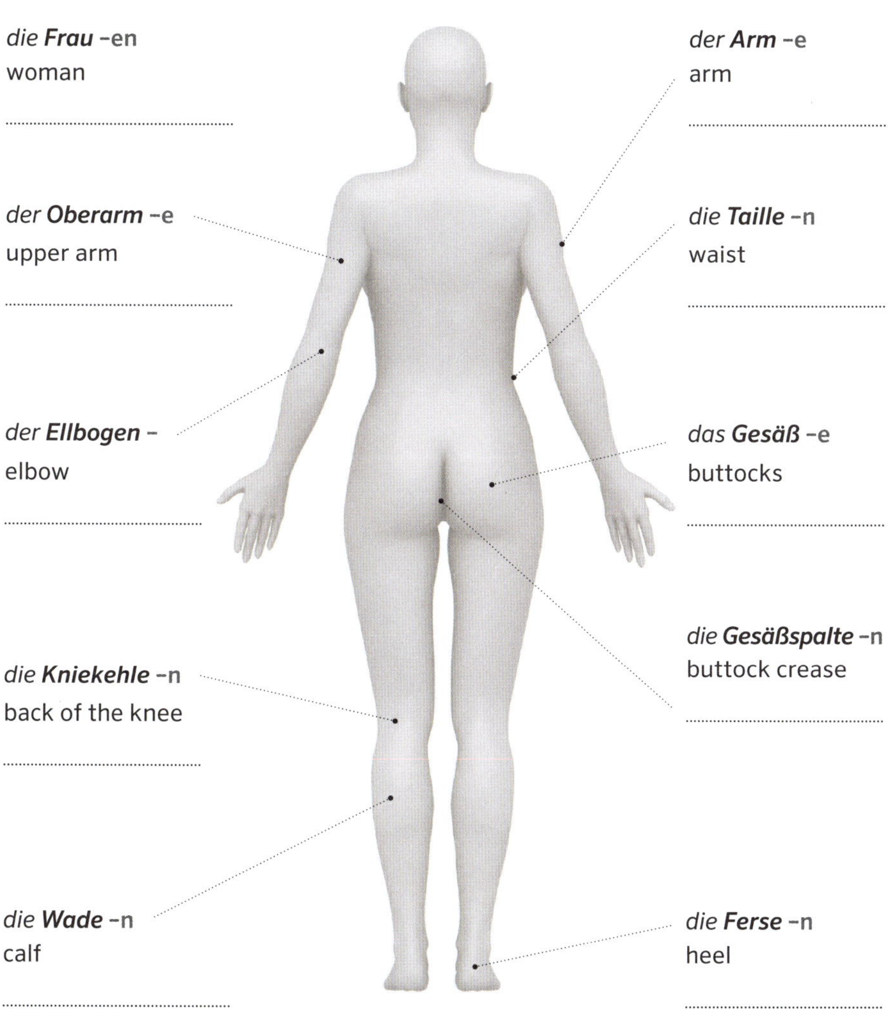
die ***Frau*** *–en*
woman
der ***Oberarm*** *–e*
upper arm
der ***Ellbogen*** *–*
elbow
die ***Kniekehle*** *–n*
back of the knee
die ***Wade*** *–n*
calf
der ***Arm*** *–e*
arm
die ***Taille*** *–n*
waist
das ***Gesäß*** *–e*
buttocks
die ***Gesäßspalte*** *–n*
buttock crease
die ***Ferse*** *–n*
heel

DIE HAND UND DER FUß – THE HAND AND THE FOOT

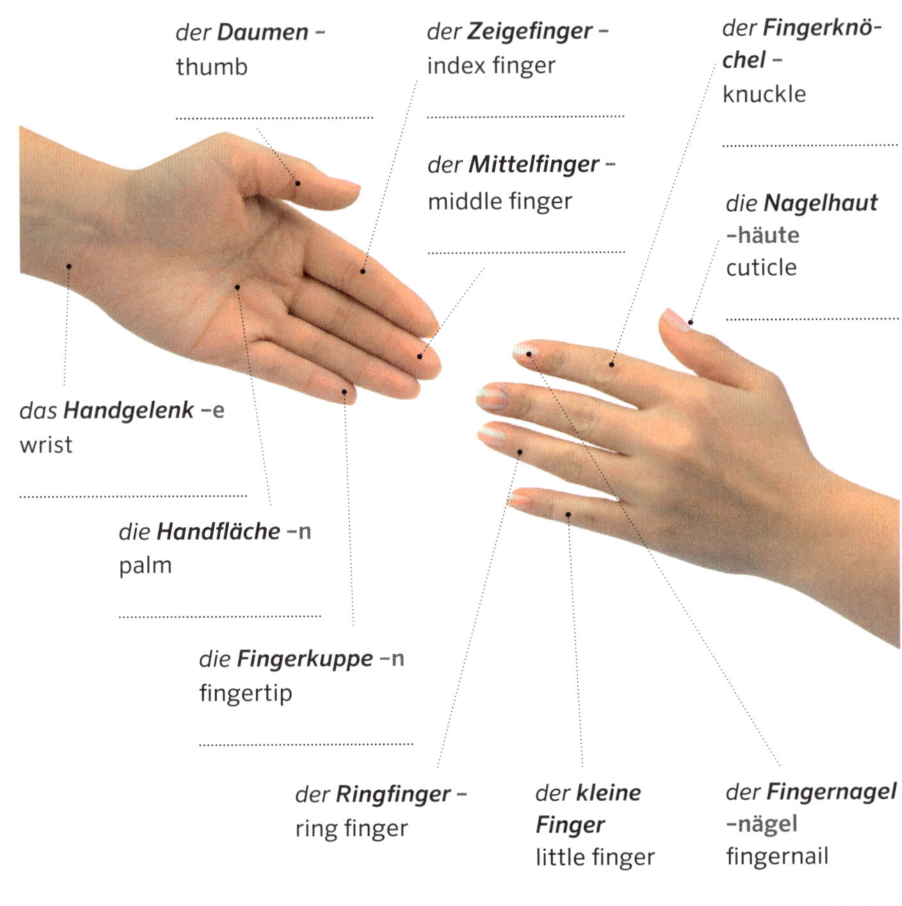

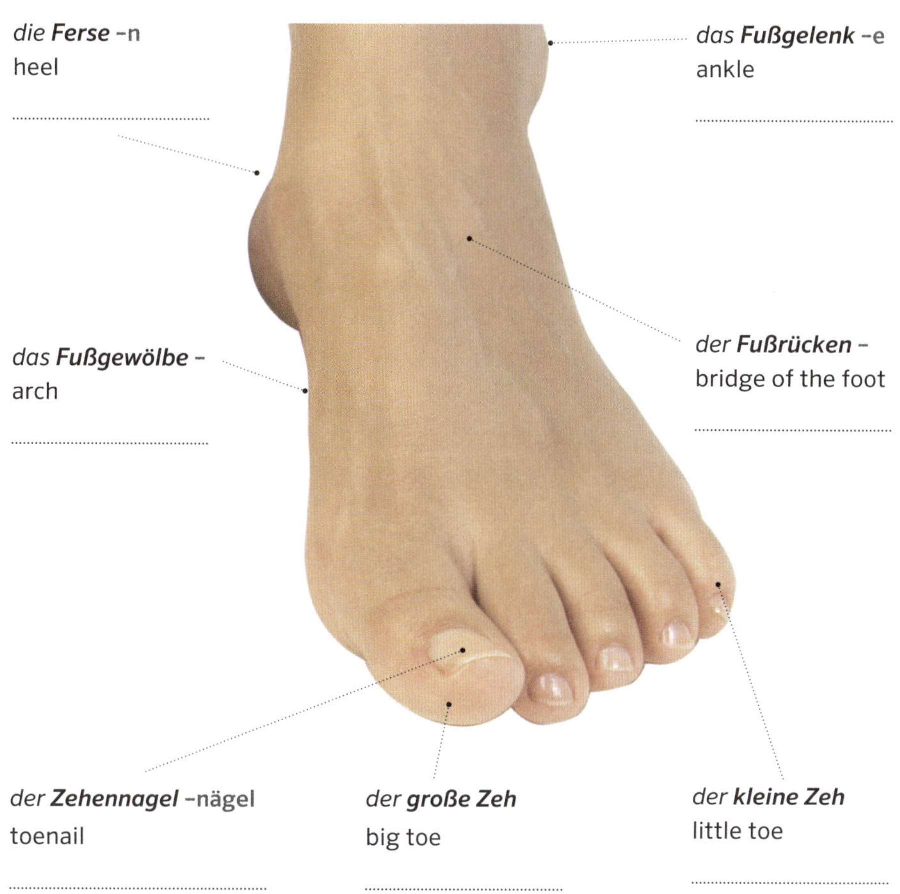
die **Ferse** -n
heel
das **Fußgelenk** -e
ankle
das **Fußgewölbe** -
arch
der **Fußrücken** -
bridge of the foot
der **Zehennagel** -nägel
toenail
der **große Zeh**
big toe
der **kleine Zeh**
little toe

DER KOPF – THE HEAD

die ***Stirnhöhle*** –n
frontal sinus

....

die ***Keilbeinhöhle*** –n
sinus

....

der ***Oberkiefer*** –
upper jaw

....

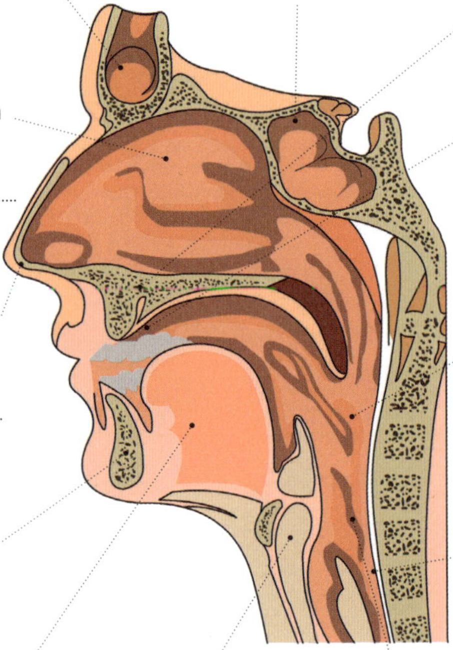

die ***Nasenhöhle*** –n
nasal cavity

....

der ***Gaumen*** –
palate

....

das ***Nasenbein*** –e
nasal bone

....

der ***Rachen*** –
pharynx

....

der ***Unterkiefer*** –
lower jaw

....

die ***Speiseröhre*** –n
gullet

....

die ***Zunge*** –n
tongue

....

der ***Kehlkopf*** –köpfe
larynx

....

die ***Kehle*** –n
throat

....

DIE MUSKELN – THE MUSCLES

der ***Deltamuskel*** -n
deltoid muscle

der ***Kapuzenmuskel*** -n
trapezoid muscle

der ***Stirnmuskel*** -n
frontal muscle

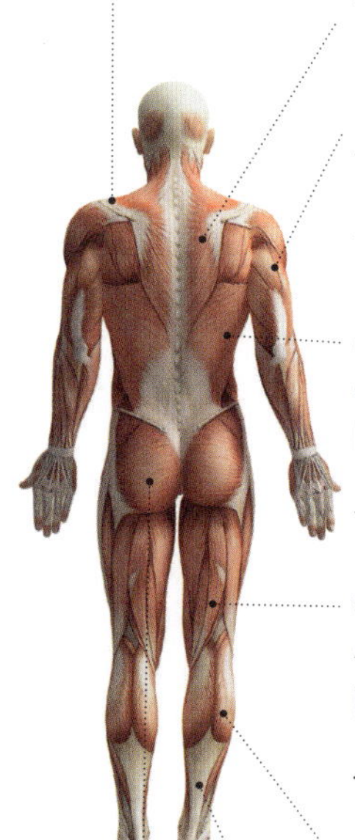

der ***Trizeps*** -e
triceps

der ***Brustmuskel*** -n
pectoral muscle

der ***Rückenmuskel*** -n
back muscle

der ***Bizeps*** -e
biceps

die ***ischiocruralen Muskeln*** Pl
hamstring

der ***Bauchmuskel*** -n
stomach muscle

der ***Wadenmuskel*** -n
calf muscle

der ***Oberschenkelmuskel*** -n
femoral muscle

der ***Gesäßmuskel*** -n
gluteal muscle

die ***Achillessehne*** -n
Achilles tendon

der ***vordere Schienbeinmuskel*** -n
tibialis anterior muscle

DAS SKELETT – THE SKELETON

das ***Jochbein*** *–e*
cheek bone

das ***Schlüsselbein*** *–e*
collarbone

der ***Brustkorb*** *–körbe*
thorax

die ***freie Rippe***
floating rib

die ***Elle*** *–n*
ulna

das ***Becken*** *–*
pelvis

die ***Wirbelsäule*** *–n*
spinal column

das ***Sitzbein*** *–e*
ischium

die ***Kniescheibe*** *–n*
kneecap

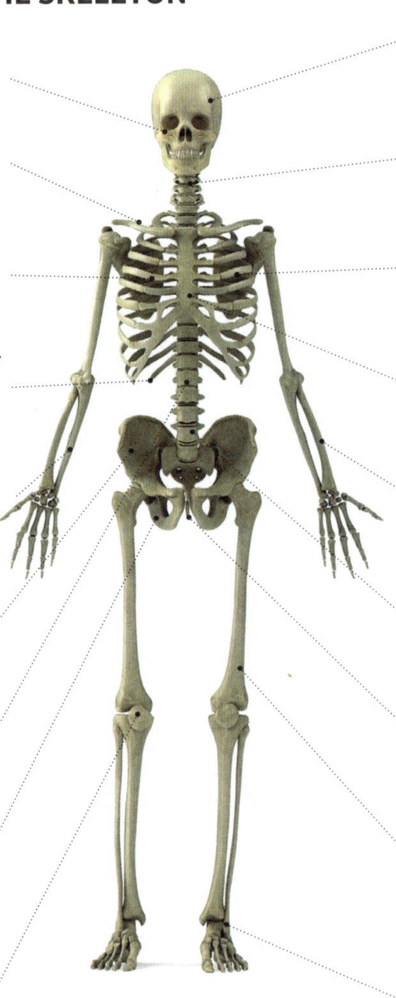

der ***Schädel*** *–*
skull

der ***Halswirbel*** *–*
cervical vertebra

die ***Rippe*** *–n*
rib

das ***Brustbein*** *–e*
sternum

die ***Speiche*** *–n*
radius

der ***Lendenwirbel*** *–*
lumbar vertebra

das ***Steißbein*** *–e*
coccyx

der ***Oberschen-kelknochen*** *–*
femur

das ***Fersenbein*** *–e*
heel bone

DIE INNEREN ORGANE – THE INTERNAL ORGANS

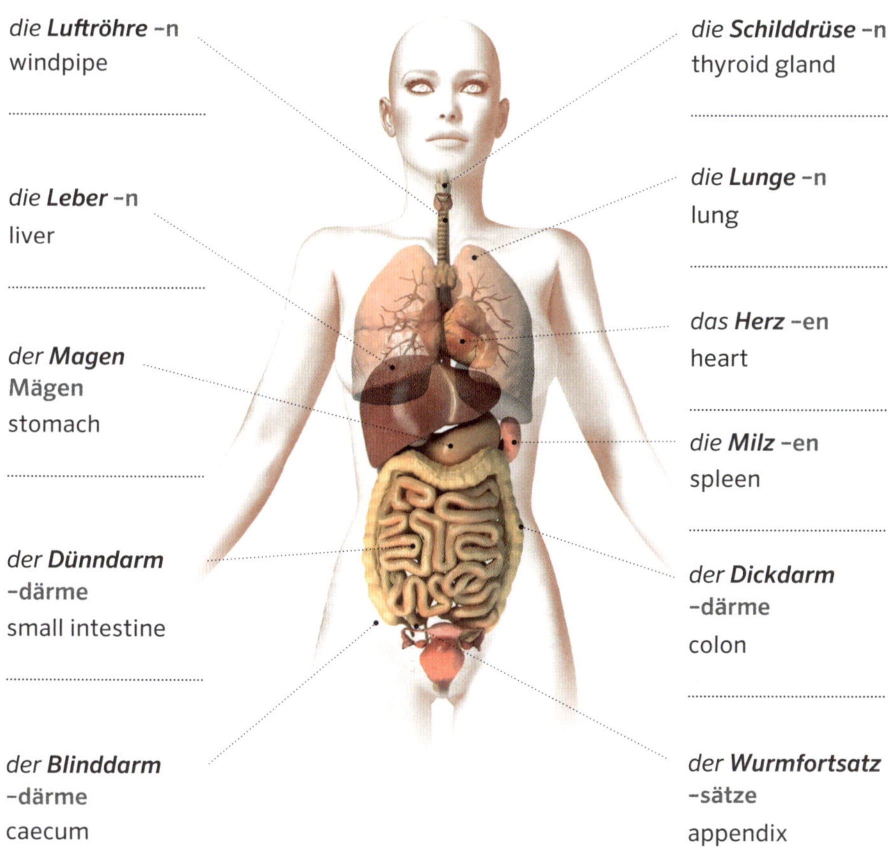

das **Gehirn** –e
brain

das **Großhirn** –e
cerebrum

das **Kleinhirn** –e
cerebellum

der **Hirnstamm** –stämme
brainstem

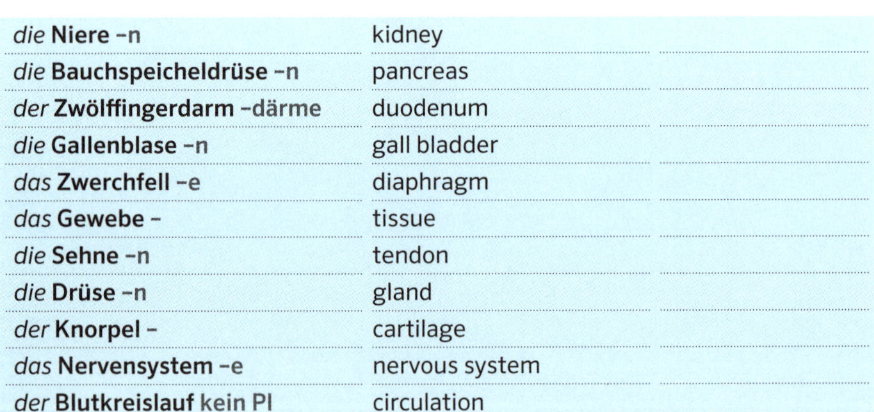

die **Niere** –n	kidney	
die **Bauchspeicheldrüse** –n	pancreas	
der **Zwölffingerdarm** –därme	duodenum	
die **Gallenblase** –n	gall bladder	
das **Zwerchfell** –e	diaphragm	
das **Gewebe** –	tissue	
die **Sehne** –n	tendon	
die **Drüse** –n	gland	
der **Knorpel** –	cartilage	
das **Nervensystem** –e	nervous system	
der **Blutkreislauf** kein Pl	circulation	

DIE KÖRPERSYSTEME – THE BODY'S SYSTEMS

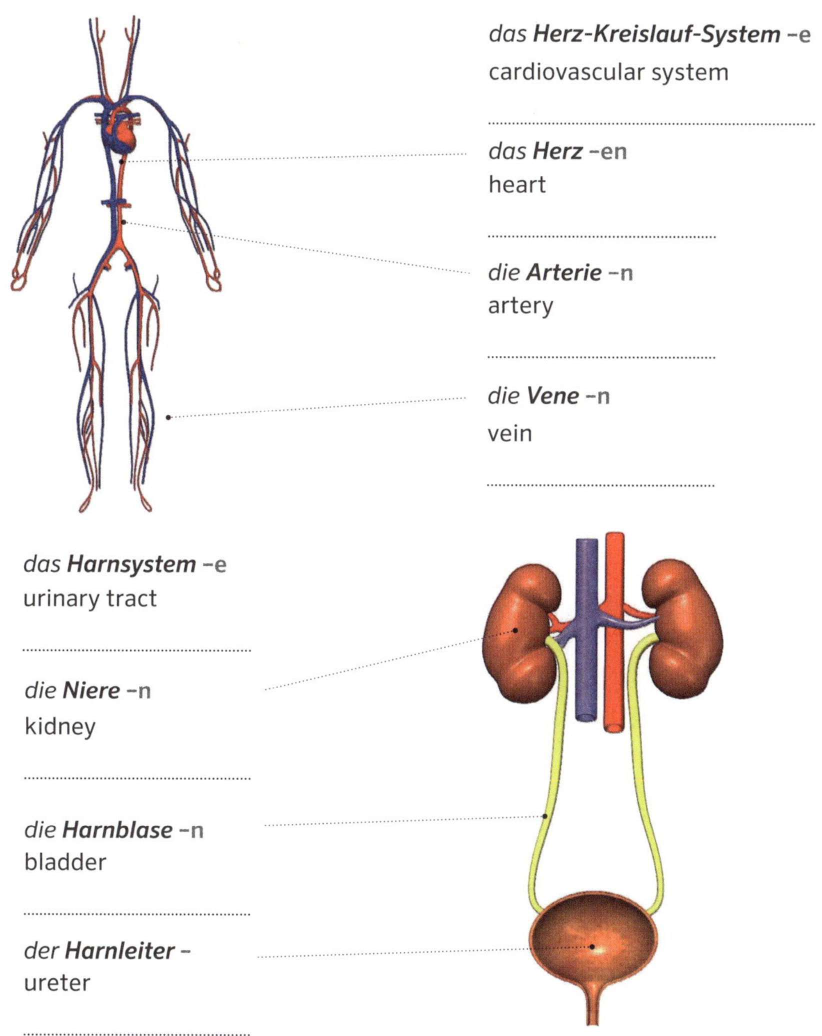

das ***Herz-Kreislauf-System*** –e
cardiovascular system

....

das ***Herz*** –en
heart

....

die ***Arterie*** –n
artery

....

die ***Vene*** –n
vein

....

das ***Harnsystem*** –e
urinary tract

....

die ***Niere*** –n
kidney

....

die ***Harnblase*** –n
bladder

....

der ***Harnleiter*** –
ureter

....

DIE GESCHLECHTSORGANE – THE SEX ORGANS

die ***männlichen Geschlechtsorgane***
male sexual organs

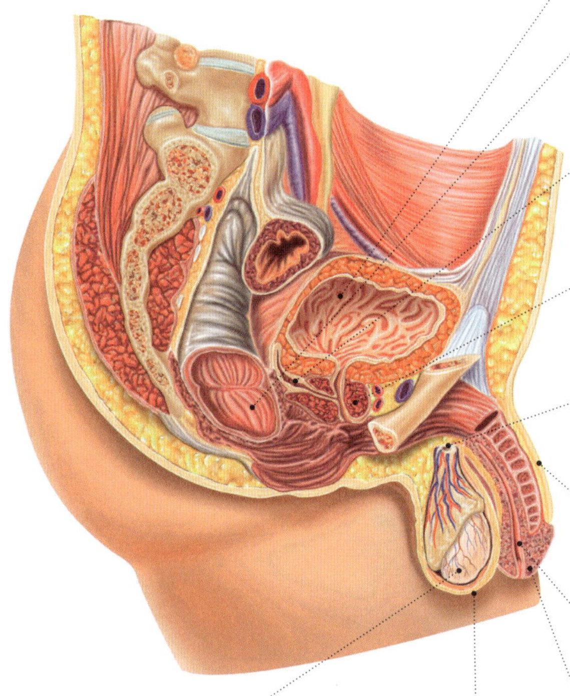

die ***Harnblase*** –n
bladder

der ***Mastdarm*** –därme
rectum

das ***Samenbläschen*** –
seminal vesicle

die ***Prostata*** Prostatae
prostate

der ***Samenleiter*** –
seminal duct

der ***Penis*** –se; Penes
penis

die ***Harnröhre*** –n
urethra

der ***Hoden*** –
testicle

der ***Hodensack*** –säcke
scrotum

die ***Eichel*** –n
glans

die ***weiblichen Geschlechtsorgane***
female sexual organs

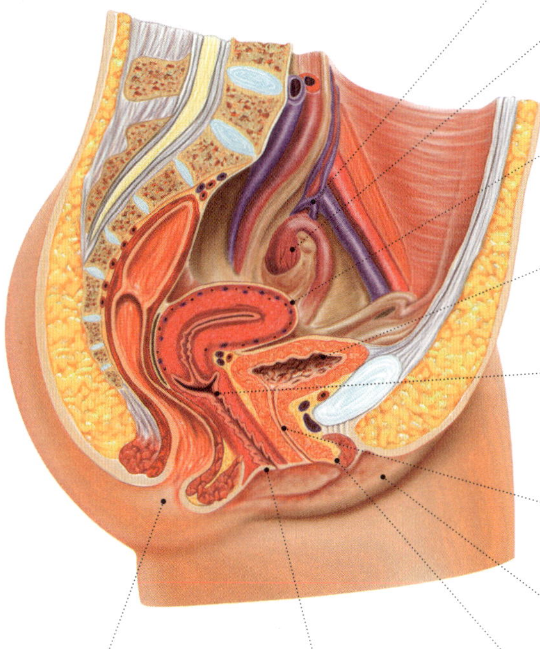

der ***Eileiter*** –
fallopian tube

der ***Eierstock*** –stöcke
ovary

die ***Gebärmutter*** –mütter
uterus

die ***Harnblase*** –n
bladder

der ***Gebärmutterhals*** –hälse
cervix

die ***Harnröhre*** –n
urethra

die ***Schamlippe*** –n
labium

der ***Anus*** Ani
anus

die ***Scheide*** –n
vagina

die ***Klitoris*** –; Klitorides
clitoris

IN DER HAUSÄRZTLICHEN PRAXIS – AT THE GENERAL PRACTITIONER'S

den ***Blutdruck messen***
to measure blood pressure

die ***Manschette*** **–n**
cuff

die ***Patientin*** **–nen**
patient

die ***Ärztin*** **–nen**
doctor

die **Krankmeldung –en**	notification of illness	
das **Attest –e**	(doctor's) certificate	
die **Impfung –en**	vaccination	
die **Grippeimpfung –en**	influenza vaccine	
der **Cholesterinspiegel –**	cholestorol levels	
die **Blutzuckerwerte Pl**	blood-sugar level	
die **Vorsorge –n**	(precautionary) check-up	
die **Vorsorgeuntersuchung –en**	(precautionary) check-up	

der **Impfpass** –pässe
vaccination card

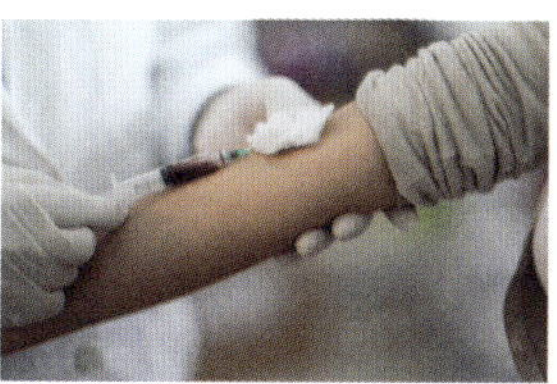

die **Blutabnahme** –n
venipuncture

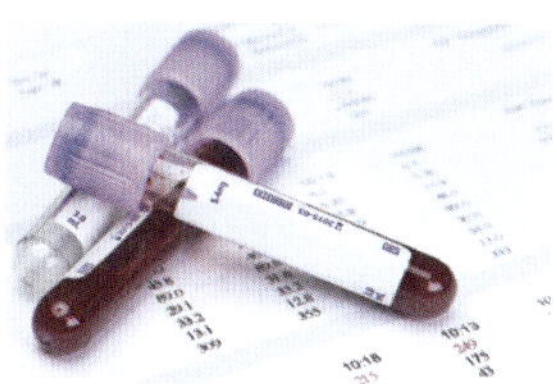

die **Blutwerte** Pl
blood count

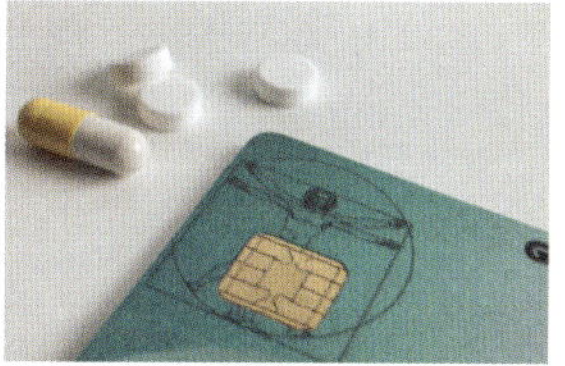

die **Versichertenkarte** –n
insurance card

die **Arzthelferin** –nen
doctor's assistant

das **Wartezimmer** –
waiting room

die **Praxis** –en	surgery	
der **Termin** –e	appointment	
kleines Blutbild	complete blood count without differential	
großes Blutbild	complete blood count (with differential)	
ausmachen	make an appointment	
verschieben	move an appointment (to another day)	
absagen	cancel an appointment	

DIE WICHTIGSTEN SÄTZE – ESSENTIAL PHRASES

Mit diesen nützlichen Wörtern und Sätzen drücken Sie sich in den wichtigsten und häufigsten Situationen sicher aus.

IM GESPRÄCH – IN CONVERSATION

IN DER HAUSÄRZTLICHEN PRAXIS – AT THE GENERAL PRACTITIONER'S

Ich habe heute einen Termin.	I've got an appointment today	
Ich möchte …	I'd like to …	
Ich möchte einen Termin für Frau Starck ausmachen.	I'd like to make an appointment for Ms Starck.	
Möchten Sie einen neuen Termin?	Would you like to make a new appointment?	
Ich muss diesen Termin leider verschieben.	I'm afraid I'll have to move this appointment (to another day).	
Haben Sie eine Versichertenkarte?	Do you have an insurance card?	
Möchten Sie sich impfen lassen?	Would you like to be vaccinated?	
Kommen Sie morgen früh zur Blutabnahme.	Come early tomorrow morning for a blood sample.	
Möchten Sie sich (gegen Grippe) impfen lassen?	Would you like to be vaccinated (against influenza)?	
Welche Vorsorgeuntersuchungen brauchen Sie?	What (precautionary) check-ups do you need?	

SPRECHZIMMER – CONSULTATION ROOM

das **Rezept** –e
prescription

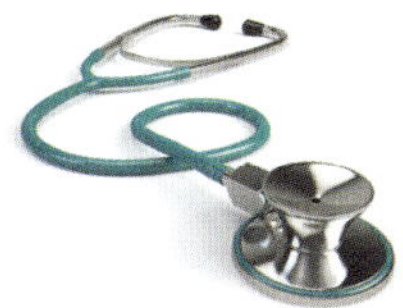

das **Stethoskop** –e
stethoscope

das **Blutdruckmessgerät** –e
blood-pressure monitor

das **Sprechzimmer** –
consultation room

die **Untersuchungsliege** –n
examination table

die **Sprechstunde –n**	surgery hours	
jemandem Blut abnehmen	to take a blood sample	
der **Termin –e**	appointment	
die **Behandlung –en**	treatment	
die **Diagnose –n**	diagnosis	
die **Überweisung –en**	referral	
die **Ergebnisse** Pl	results	
die **Krankenkasse –n**	health insurance	
das **Wartezimmer –**	waiting room	

SYMPTOME UND KRANKHEITEN – SYMPTOMS AND DISEASES

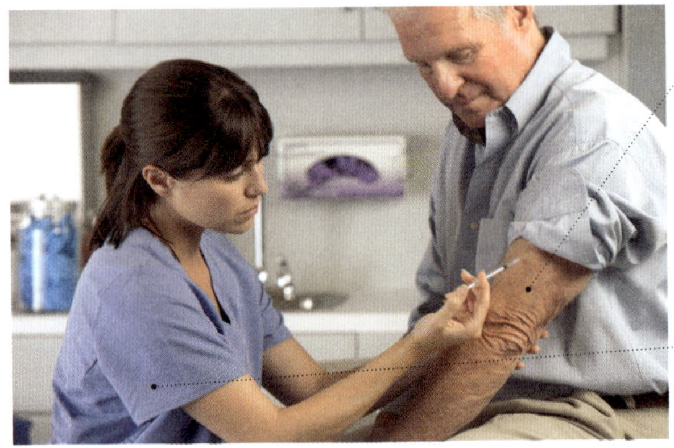

eine Spritze bekommen
to have an injection

jemandem eine Spritze geben
to give somebody an injection

der/das **Virus** Viren	virus	
der **Infekt** -e	infection	
die **Allergie** -n	allergy	
der **Hautausschlag** -ausschläge	rash	
das **Ekzem** -e	eczema	
die **Migräne** -n	migraine	
das **Nasenbluten** kein Pl	nosebleed	
die **Bindehautentzündung** -en	conjunctivitis	
die **Mittelohrentzündung** -en	inflammation of the middle ear	
der **Durchfall** -fälle	diarrhoea	
die **Darmgrippe** -n	gastric flu	
der **Schwindel** kein Pl	dizziness	
die **Übelkeit** kein Pl	nausea	

BESCHWERDEN UND KRANKHEITEN – PROBLEMS, PAINS AND DISEASES

krank
ill

gesund
healthy

der ***Schnupfen*** –
cold

der ***Husten*** kein Pl
cough

die ***Erkältung*** –en
cold

die ***Grippe*** –n
influenza

das ***Niesen*** kein Pl
sneezing

das ***Fieber*** –
fever

der ***Heuschnupfen*** –
hay fever

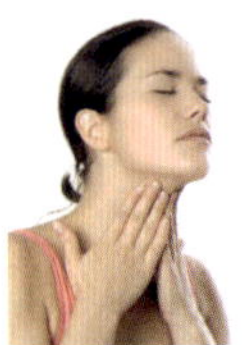

die **Halsschmerzen** Pl
sore throat

die **Kopfschmerzen** Pl
headache

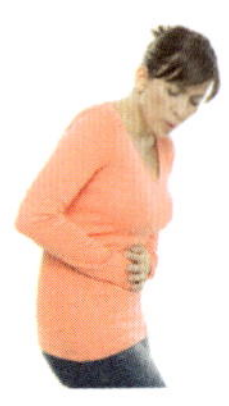

die **Magenschmerzen** Pl
stomach ache

die **Zahnschmerzen** Pl
toothache

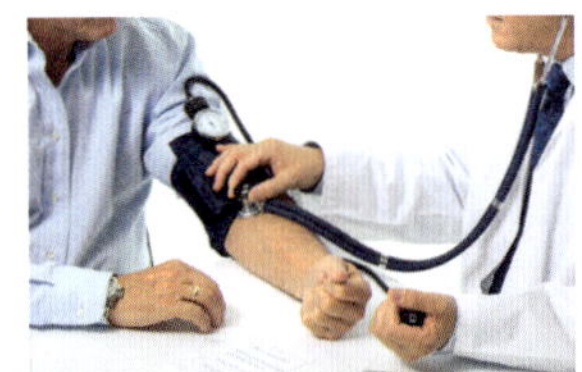

der **hohe/niedrige Blutdruck**
high/low blood pressure

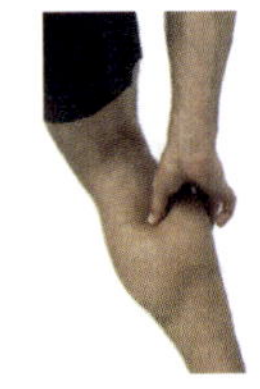

der **Krampf** Krämpfe
cramp

die **Bronchitis** Bronchitiden	bronchitis	
die **Blasenentzündung** -en	bladder infection	
die **Entzündung** -en	inflammation	
die **Gürtelrose** -n	shingles	
die **Mangelerscheinung** -en	deficiency symptom	
die **Blutvergiftung** -en	blood poisoning	
die **Schuppenflechte** -n	psoriasis	

die **Schlafstörung** -en
sleeping disorder

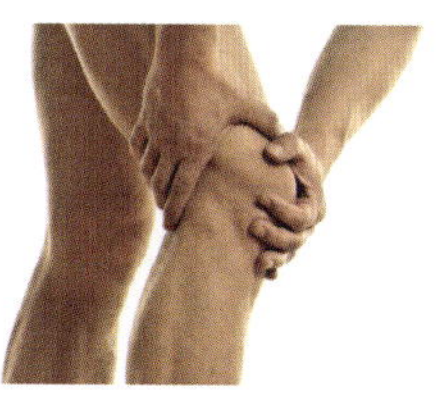

das **Rheuma** kein Pl
rheumatism

der **Diabetes** kein Pl
diabetes

das **Aids** kein Pl
AIDS

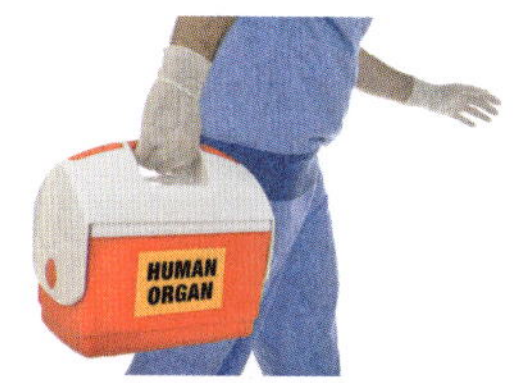

die **Transplantation** -en
transplant

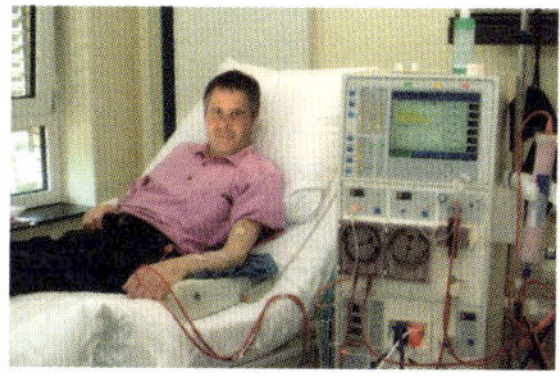

die **Dialyse** -n
dialysis

die **Hirnhautentzündung** -en	meningitis	
die **Osteoporose** -n	osteoporosis	
die **Arthrose** -n	osteoarthritis	
die **Asphagie/Schluckstörung** -en/-en	dysphagia	
der **Eisenmangel** -	iron deficiency	
die **Anämie** -n	anaemia	

das ***Asthma*** kein Pl
asthma

der ***Inhalator*** –en
inhaler

die **Atemnot** kein Pl	breathing difficulty	
der **Alzheimer** kein Pl	Alzheimer's disease	
die **Demenz** –en	dementia	
die **Parkinson-Krankheit** kein Pl	Parkinson's disease	
der **Krebs** kein Pl	cancer	
das **Geschwür** –e	abscess	
die **Schilddrüsenkrankheit** –en	thyroid disorder	
der **Herzinfarkt** –e	heart attack	
der **Schlaganfall** –anfälle	stroke	

BEHINDERUNGEN – DISABILITIES

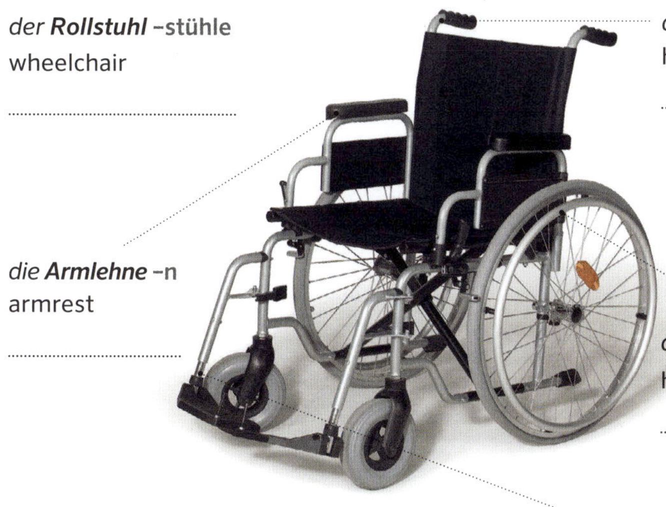

gelähmt	paralysed	
die **spastische Lähmung**	spastic paralysis	
hinken	to limp	
blind	blind	
schwerhörig	hard of hearing	
gehörlos	deaf	
behindert	disabled	
schwerbehindert	severely disabled	
die **Gebärdensprache** –n	sign language	

der ***Rollator*** -en
wheeled walker

die ***Krücke*** -n
crutch

die ***Prothese*** -n
artificial limb

der ***Blindenhund*** -e
guide dog

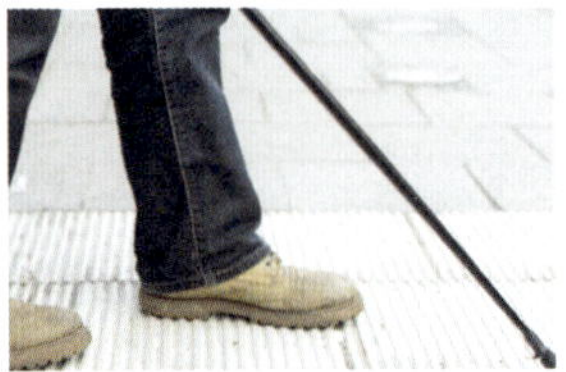

der ***Blindenstock*** -stöcke
white stick

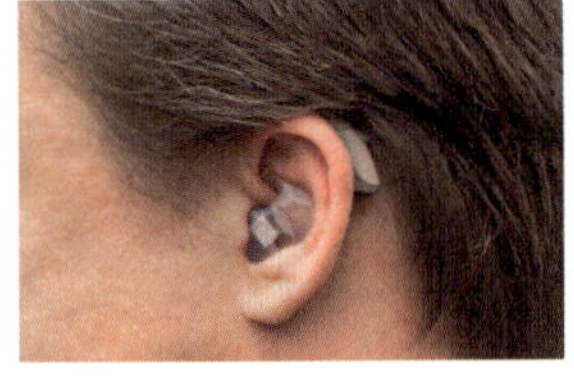

das ***Hörgerät*** -e
hearing aid

VERLETZUNGEN – INJURIES

die ***Verstauchung*** -en
sprain

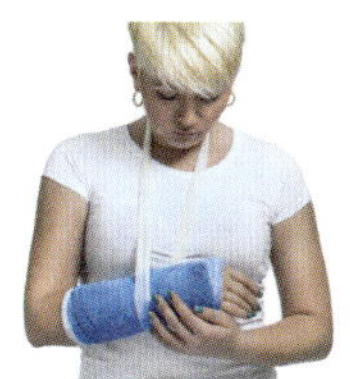

die ***Fraktur*** -en
fracture

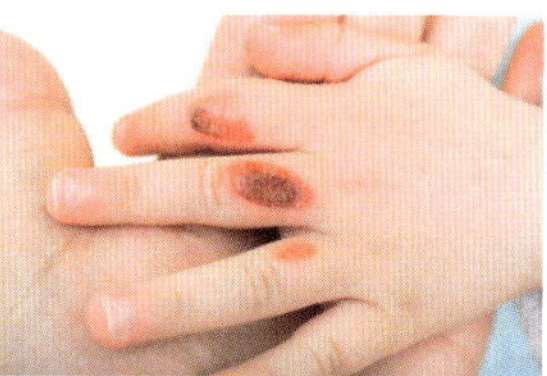

die ***Verbrennung*** -en
burn

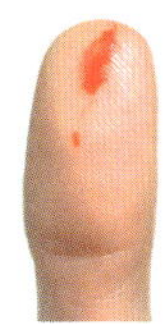

die ***Schnittwunde*** -n
cut

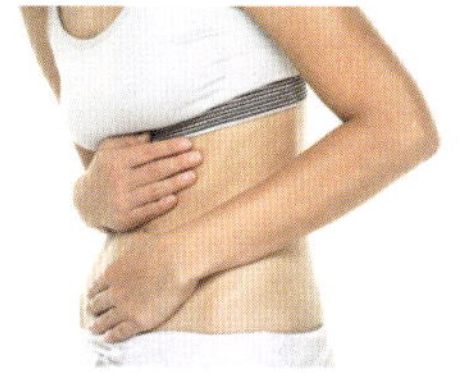

die ***Vergiftung*** -en
poisoning

der ***Insektenstich*** -e
insect sting

in Ohnmacht fallen
to faint

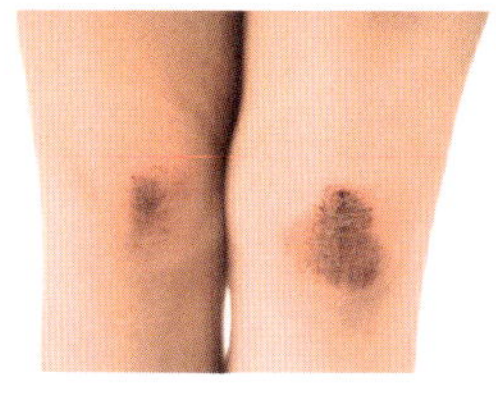

die ***Schürfwunde*** -n
graze

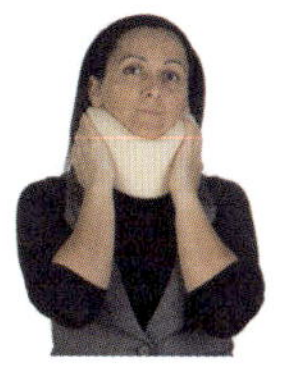

das ***Schleudertrauma***
-traumen; -traumata
whiplash

IN DER ZAHNÄRZTLICHEN PRAXIS – AT THE DENTIST'S

die ***Zahnarzthelferin*** –nen
dental nurse

das ***Mundspülbecken*** –
basin

die ***Behandlungslampe*** –n
reflector

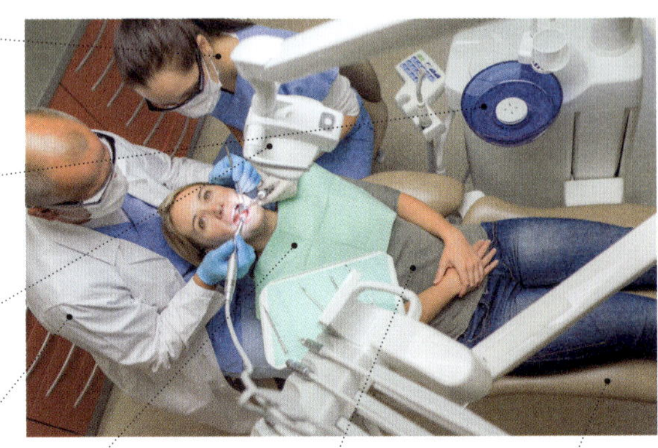

der ***Zahnarzt*** –ärzte
dentist

der ***Patientenumhang*** –umhänge
apron

die ***Patientin*** –nen
patient

der ***Zahnarztstuhl*** –stühle
dentist's chair

das **Zahnarztbesteck** –e	dental instruments	
der **Mundschutz** –e	surgical mask	
das **Implantat** –e	implant	
einen Zahn ziehen	to extract a tooth	
die **örtliche Betäubung** –en	local anaesthetic	

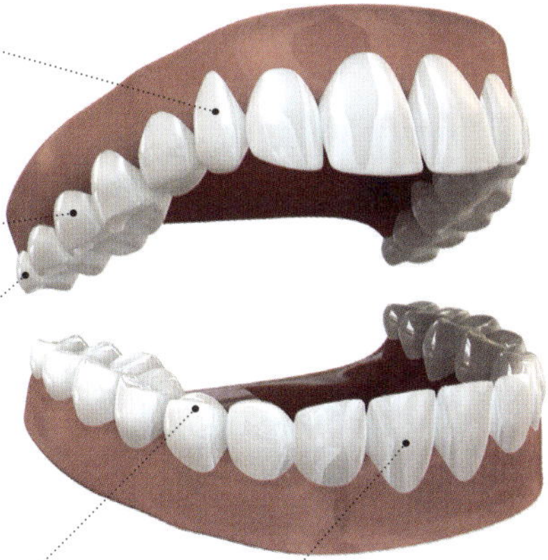

der **Eckzahn** -zähne
eye tooth

der **hintere Backenzahn**
molar

der **Weisheitszahn** -zähne
wisdom tooth

der **vordere Backenzahn**
premolar

der **Schneidezahn** -zähne
incisor

die **Mundhygiene** kein Pl	oral hygiene	
der **Zahnbelag** -beläge	plaque	
die **Karies** kein Pl	tooth decay	
die **Zahnfüllung** -en	filling	
die **Wurzelbehandlung** -en	root treatment	
das **Mundwasser** -wässer	mouthwash	

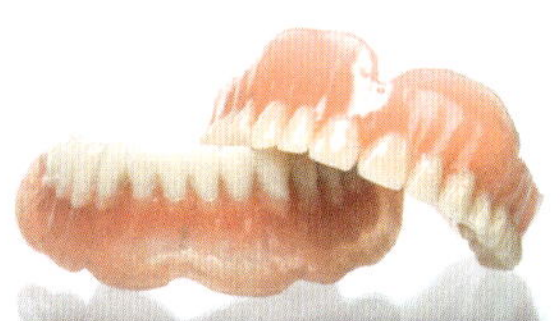

die ***Zahnprothese*** –n
dentures

die ***Knirscherschiene*** –n
bite splint

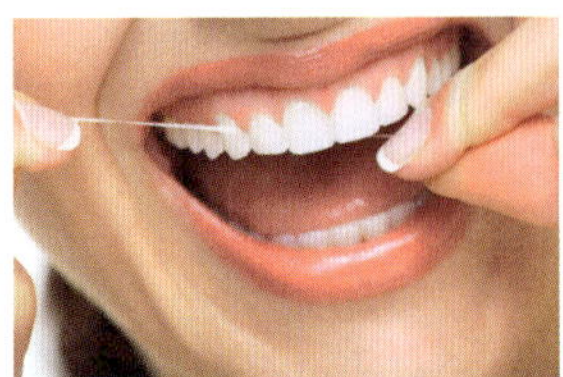

mit Zahnseide reinigen
to floss one's teeth

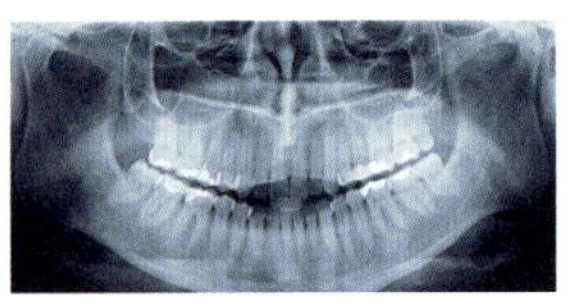

die ***Röntgenaufnahme*** –n
X-ray

die ***Krone*** –n
crown

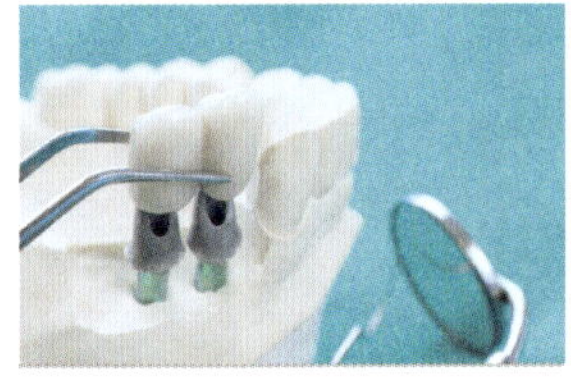

die ***Brücke*** –n
bridge

der **Zahn** Zähne	tooth	
der **Zahnschmelz** –e	enamel	
das **Zahnfleisch** kein Pl	gum	
die **Zahnwurzel** –n	root	
der **Nerv** –en	nerve	
die **professionelle Zahnreinigung** –en	scaling and polishing	
die **Parodontose** –n	periodontal disease	
das **Loch im Zahn**	cavity	

DIE WICHTIGSTEN SÄTZE - ESSENTIAL PHRASES

Mit diesen nützlichen Wörtern und Sätzen drücken Sie sich in den wichtigsten und häufigsten Situationen sicher aus.

IM GESPRÄCH - IN CONVERSATION

IN DER ZAHNÄRZTLICHEN PRAXIS - AT THE DENTIST'S

Sie brauchen eine professionelle Zahnreinigung.	Your teeth need scaling and polishing.	
Haben Sie Zahnschmerzen?	Do you have toothache?	
Welcher Zahn tut Ihnen Weh?	Which tooth hurts?	
Der Zahn muss gezogen werden.	The tooth must be pulled.	
Mir ist eine Füllung herausgefallen.	I've lost a filling.	
Sie brauchen eine neue Füllung.	You need a new filling.	
Sie brauchen eine neue Zahnprothese.	You need new dentures.	
Ihre Zahnprothese muss repariert werden.	Your dentures must be repaired.	
Haben Sie Angst vor dem Zahnarzt?	Are you afraid of the dentist?	
Haben Sie Angst vor Spritzen?	Are you afraid of needles?	

IN DER AUGENÄRZTLICHEN PRAXIS/IM OPTIKFACHGESCHÄFT – AT THE OPHTHALMOLOGIST'S/OPTICIAN'S

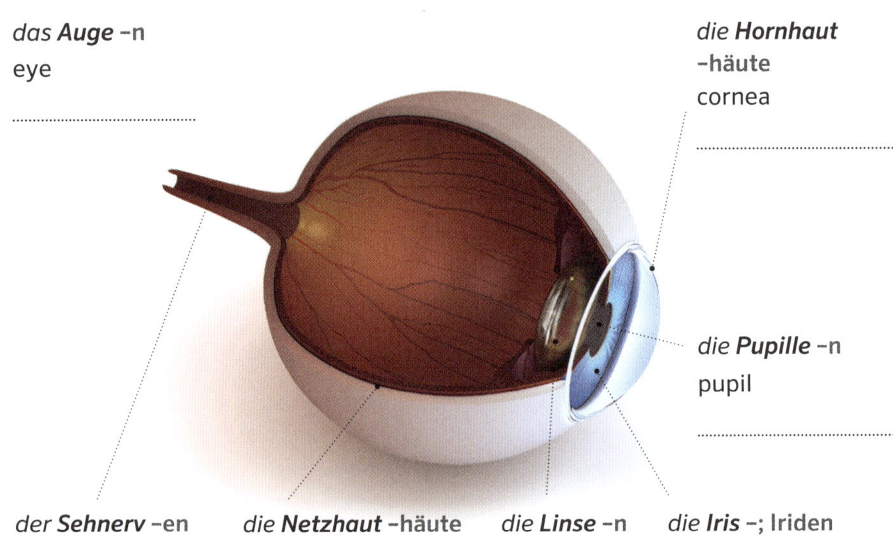

die **Brille** –n	glasses	
das **Brillengestell** –e	frame	
das **Brillenputztuch** –tücher	glasses cloth	
die **Augentropfen** Pl	eye drops	
die **Lesebrille** –n	reading glasses	
weitsichtig	long-sighted	
kurzsichtig	short-sighted	
die **Gleitsichtbrille** –n	varifocal glasses	
grauer Star	cataract	
grüner Star	glaucoma	

DIE WICHTIGSTEN SÄTZE – ESSENTIAL PHRASES

Mit diesen nützlichen Wörtern und Sätzen drücken Sie sich in den wichtigsten und häufigsten Situationen sicher aus.

IM GESPRÄCH – IN CONVERSATION

IN DER AUGENÄRZTLICHEN PRAXIS/IM OPTIKFACHGESCHÄFT – AT THE OPHTHALMOLOGIST'S/OPTICIAN'S

Wir gehen zum Augenarzt.	We're going to the opthalmologist's.	
Der Augenarzt untersucht Ihre Augen.	The opthalmologist will examine your eyes.	
Dort bekommen Sie einen Sehtest.	There you'll be given an eye test.	
Sie brauchen eine neue Brille.	You need new glasses.	
Merken Sie, dass Sie schlechter sehen?	Do you see now that your eyesight is getting worse?	
Sie brauchen eine Augen-OP.	You need an eye operation.	
Ihre Augen müssen operiert werden.	You need an eye operation.	

die **Rezeption** -en	reception	
die **Aufnahme** -n	admission	
die **Cafeteria** -s	cafeteria	
der **Kiosk** -s	kiosk	
der **Speisesaal** -säle	dining hall	
die **Wäscherei** -en	laundry room	
das **Brillenglas** -gläser	lens	
der **Sehtest** -s	eye test	
der/die **Optiker/in** -/-nen	optician	
die **Kontaktlinse** -n	contact lens	
der **Kontaktlinsenbehälter** -	lens case	

IM KRANKENHAUS

AT THE HOSPITAL

STATIONEN - WARDS

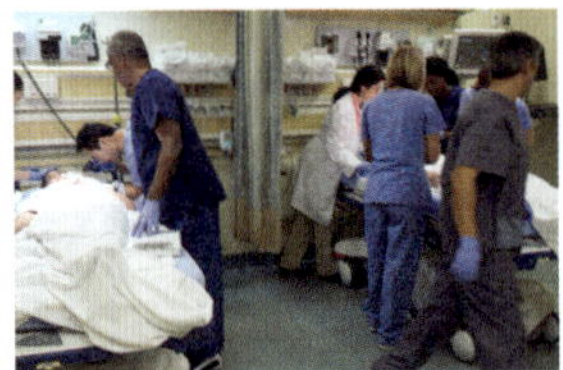

die **Ambulanz** -en
outpatient department

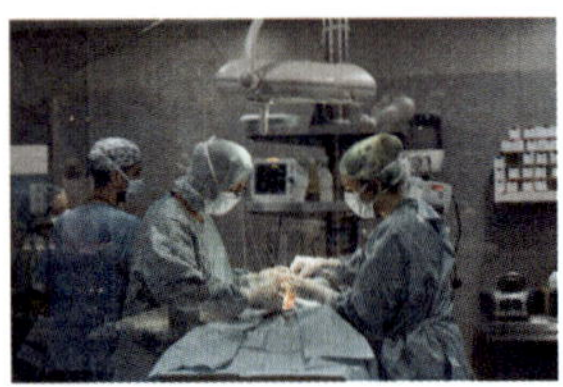

der **OP-Raum** -Räume
(operating) theatre

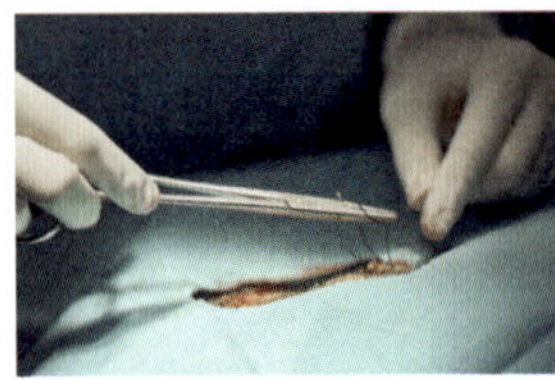

die **Chirurgie** -n
surgery

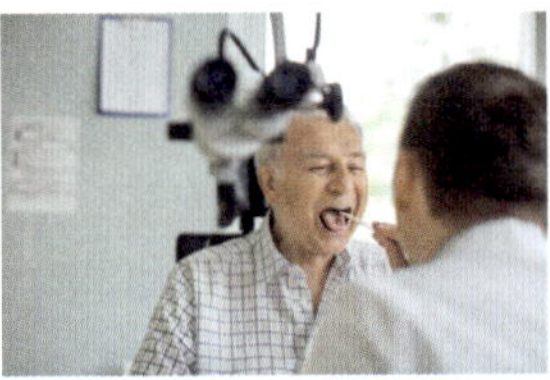

die **HNO-Station** -en
ENT ward

das **Labor** -e
laboratory

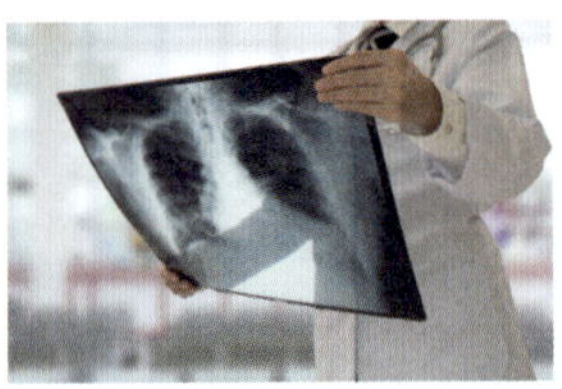

das **Röntgen** kein Pl
X-ray

die **Intensivstation** -en	intensive care unit	
das **Krankenzimmer** -	hospital room	
die **Innere Medizin** kein Pl	internal medicine	
die **Geriatrie** kein Pl	geriatrics	
die **Augen-Station** -en	eye unit	
die **gynäkologische Station** -en	gynaecology ward	
die **Sonographie** -n	medical ultrasound	
der **Sozialdienst** -e	medical social work	
die **Endoskopie** -n	endoscopy	

DIE WICHTIGSTEN SÄTZE – ESSENTIAL PHRASES

Mit diesen nützlichen Wörtern und Sätzen drücken Sie sich in den wichtigsten und häufigsten Situationen sicher aus.

IM GESPRÄCH – IN CONVERSATION

STATIONEN – WARDS

Auf welcher Station liegt Herr Müller?	What ward is Mr Müller on?	
Herr Müller liegt auf der Intensivstation.	Mr Müller is in intensive care.	
Frau Kunz liegt auf Station A.	Ms Kunz is on Ward A.	
Wo finde ich das EKG?	Where can I find (the) ECG?	
Das EKG ist im Erdgeschoss.	(The) ECG is on the ground floor.	
Wo ist die Endoskopie?	Where's endoscopy?	
Nehmen Sie die zweite Tür links.	Take the second door on the left.	

ARBEITEN IM KRANKENHAUS – HOSPITAL WORK

das ***Krankenzimmer*** –
hospital room

der ***Trennvorhang*** –vorhänge
privacy curtain

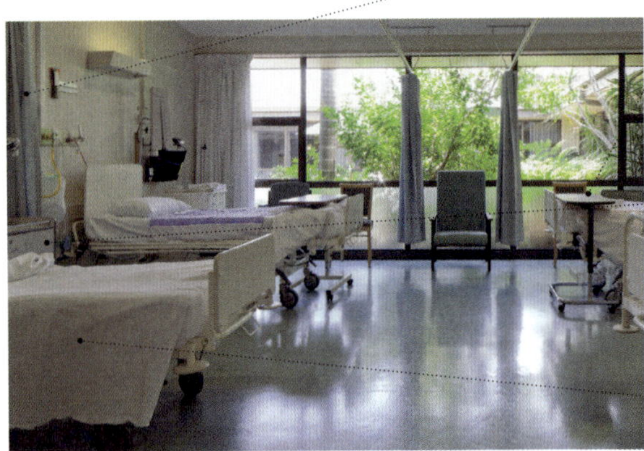

der ***Krankentisch*** –e
overbed table

der ***Nachttisch*** –e
bedside table

das ***Krankenhausbett*** –en
hospital bed

der **Infusionsständer** –	IV pole	
aufgenommen werden	to be admitted	
entlassen werden	to be discharged	
ambulant	out-patient	
stationär	in-patient	
die **Besuchszeiten** Pl	visiting hours	
die **Kinderstation** –en	children's ward	
die **Neurologie** –n	neurology	
die **Onkologie** –n	oncology	
die **Orthopädie** –n	orthopaedics	

RÄUME AUF DER STATION - WARD ROOMS

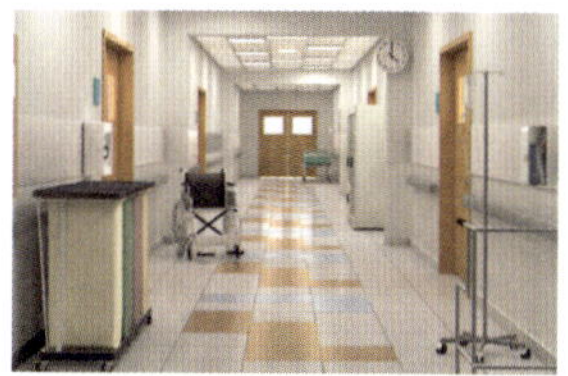

die ***Station*** -en
ward

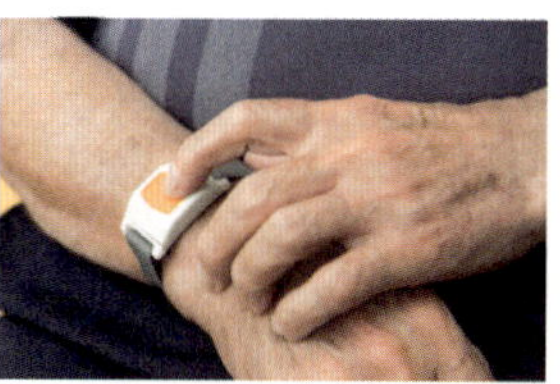

der **Notrufknopf** -knöpfe
emergency call button

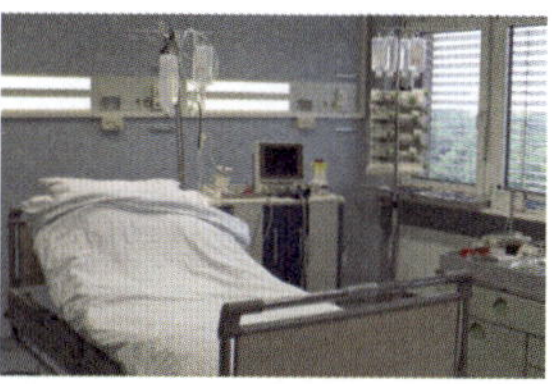

das ***Einzelzimmer*** -
single room

die **Kardiologie**	cardiology	
die **Gastroenterologie**	gastroenterology	
die **Gynäkologie**	gynaecology	
die **Abteilung für Hals-Nasen-Ohrenheilkunde** -en	ear nose and throat department	
die **Quarantäne** -n	quarantine	
das **Isolierzimmer** -	isolation room	
das **Patientenzimmer** -	patients' room	
der **Geräteraum** -räume	equipment room	
der **unreine Raum** Räume	soiled room	
der **Fäkalspülraum** -räume	sluice room	
der **Lagerraum** -räume	storage room	
der **Dienstraum** -räume	duty room	
das **Doppelzimmer** -	double room	
das **Dreibettzimmer** -	three-bed room	

DIE CHIRURGIE – SURGERY

die ***Operation*** -en
operation

die ***Operationsleuchte*** -n
surgical lighting

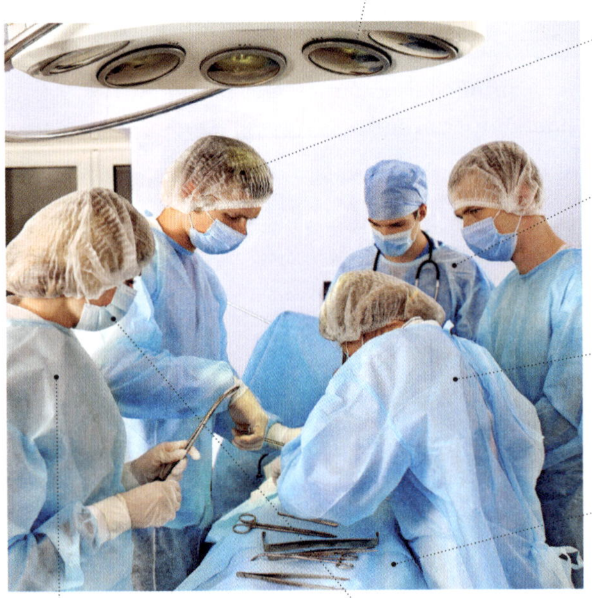

der ***Chirurg*** -en
surgeon

der ***Anästhesist*** -en
anaesthetist

der ***OP-Mantel*** -Mäntel
scrubs

der ***Operationstisch*** -e
operating table

die ***OP-Schwester*** -n
theatre nurse

der ***Mundschutz*** -e
surgical mask

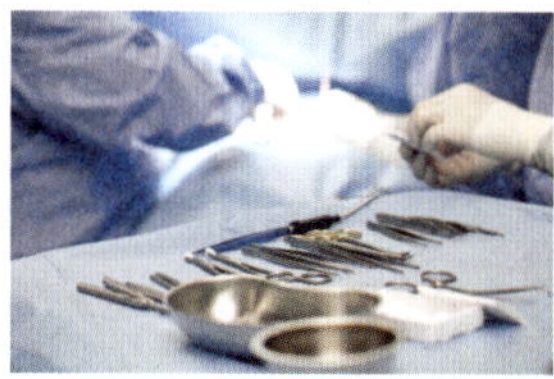

das **Operationsbesteck** –e
surgical tools

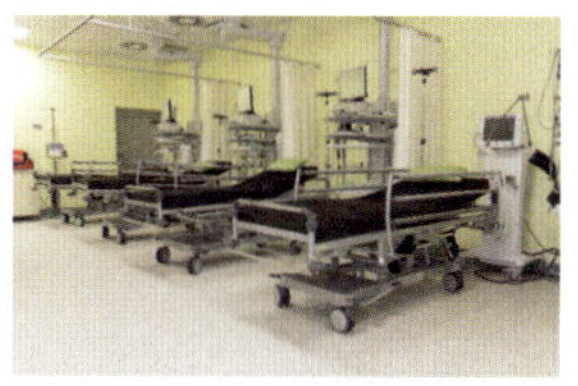

der **Aufwachraum** –räume
recovery room

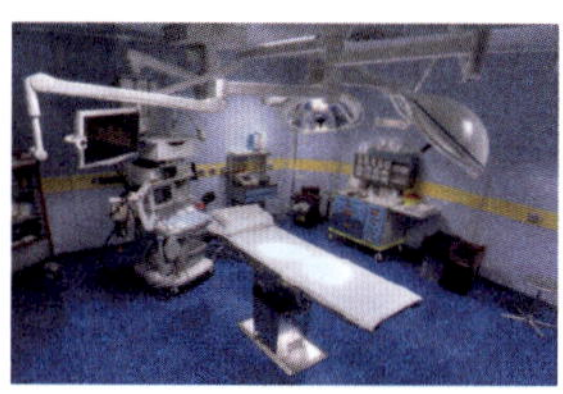

der **Operationssaal** –säle
operating theatre

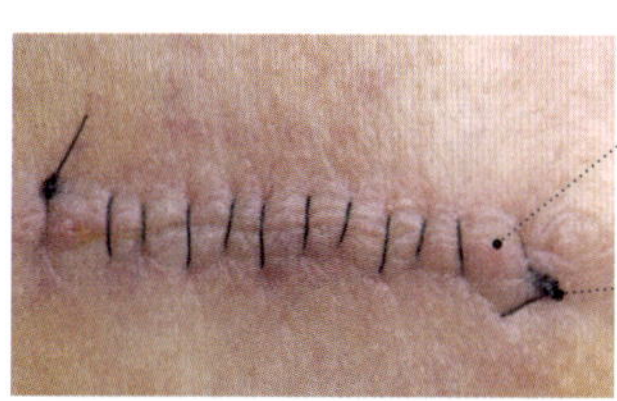

die **Narbe** –n
scar

die **Fäden** Pl
stitches

die **Reha** –s	rehab	
Nach ihrer OP muss Frau Schneider in die Reha.	Ms Schneider is in rehab following her operation.	
die **Lokalanästhesie** –n	local anaesthetic	
die **Vollnarkose** –n	general anaesthetic	
die **Rehabilitation**	rehabilitation	
die **medizinische Nachversorgung**	post-operative care	
die **Bettruhe** kein Pl	bed rest	
die **Genesung** kein Pl	convalescence	
tot	dead	
der **Tod** –e	death	

DIE UNFALLSTATION – CASUALTY WARD

der **Warteraum** -räume
waiting room

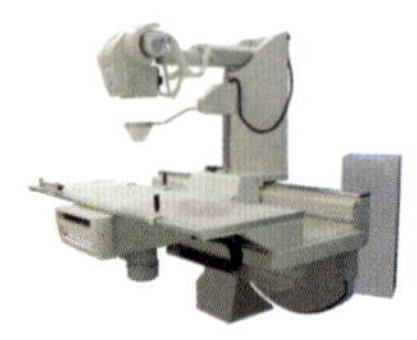

das **Röntgengerät** -e
X-ray apparatus

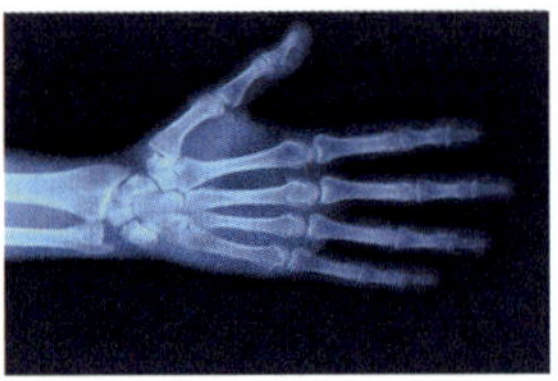

das **Röntgenbild** -er
X-ray

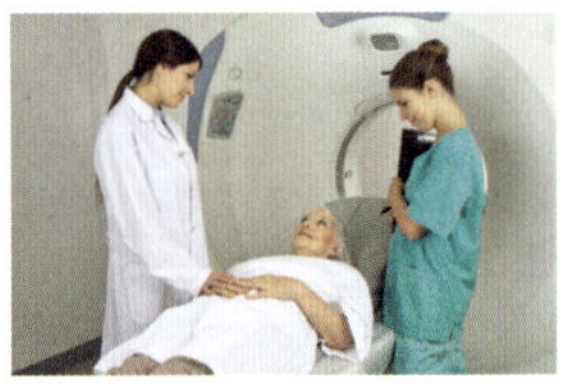

die **Kernspintomografie** -n
MRI scan

die **Oberärztin** -nen
consultant

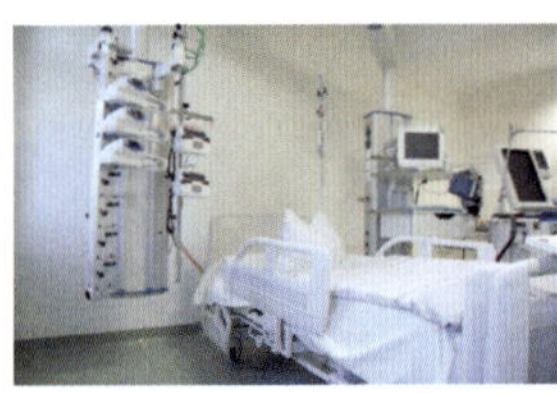

die **Intensivstation** -en
intensive care unit

der **Rufknopf** -knöpfe	call button	
die **Notaufnahme** -n	emergency admission	
die **Computertomografie** -n	CT scan	
die **Strahlung** -en	radiation	
das **Koma** -s, -ta	coma	
bewusstlos	unconscious	
die **Beatmung** -en	ventilation	
zu Bewusstsein kommen	to regain consciousness	

BERUFE - PROFESSIONS

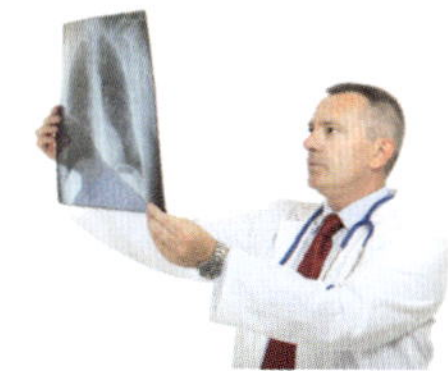

der ***Arzt*** Ärzte
doctor

der ***Krankenpfleger*** -
nurse

die ***Psychologin*** -nen
psychologist

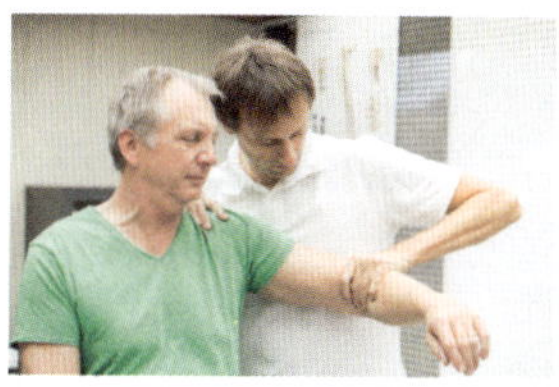

der ***Orthopäde*** -n
orthopaedist

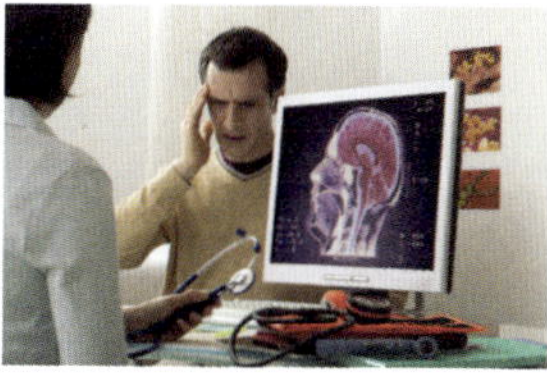

der ***Neurologe*** -n
neurologist

der ***Chirurg*** -en
surgeon

der **Kardiologe** -n	cardiologist	
der **Allergologe** -n	allergist	
der **Hausarzt** -ärzte	general practitioner	
der **Kinderarzt** -ärzte	paediatrician	
der **Frauenarzt** -ärzte	gynaecologist	
der **Allgemeinmediziner** -	general practitioner	
der **Internist** -en	internist	

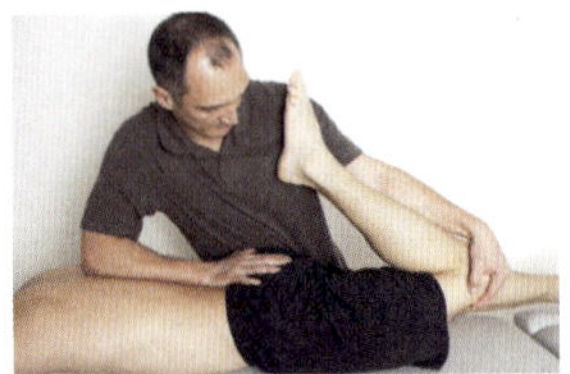

der **Physiotherapeut** -n
physiotherapist

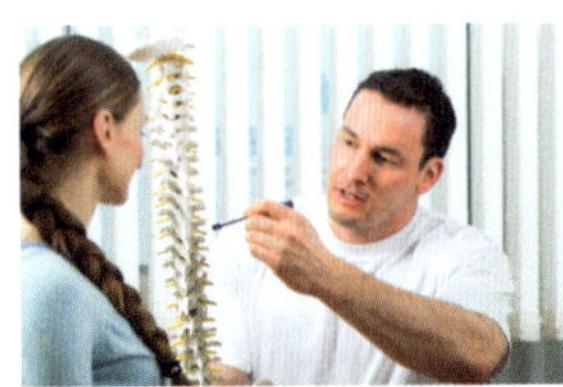

der **Orthopäde** -n
orthopaedist

der **Zahnarzt** -ärzte
dentist

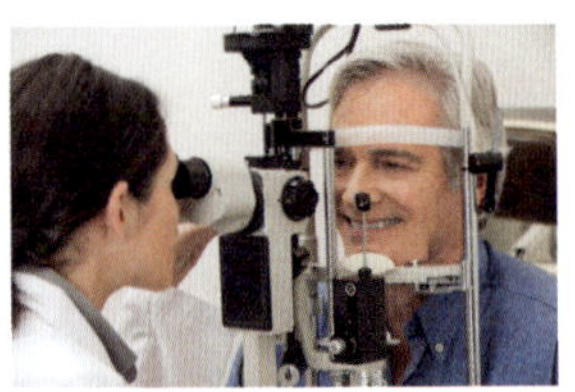

die **Optikerin** -nen
optician

der **Tierarzt** -ärzte
vet

die **Apothekerin** -nen
chemist

der **HNO-Arzt (Hals-Nasen-Ohren-Arzt)** -ärzte	ENT specialist	
der **Onkologe** -n	oncologist	
der **Anästhesist** -n	anaesthetist	
der **Facharzt** -ärzte	specialist	
der **Radiologe** -n	radiologist	
der **Urologe** -n	urologist	
der **Gastrologe** -n	gastrologist	
der **Pathologe** -n	pathologist	

NOTFÄLLE

EMERGENCIES

ERSTE HILFE - FIRST AID

der ***Rettungswagen*** -
ambulance

das ***Unfallopfer*** -
accident victim

die ***Sanitäterin*** -nen
paramedic

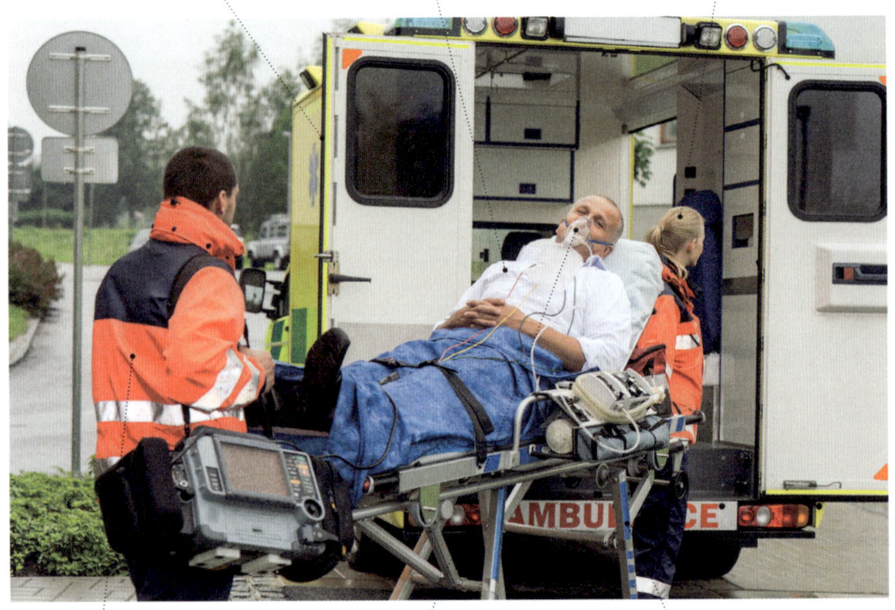

der ***Sanitäter*** -
paramedic

die ***Sauerstoffmaske*** -n
oxygen mask

die ***Trage*** -n
stretcher

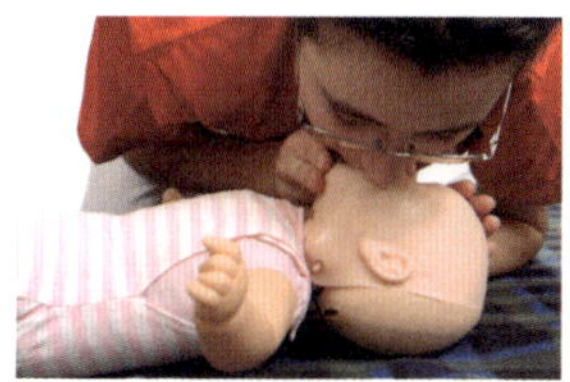

die ***Mund-zu-Mund-Beatmung*** -en
mouth-to-mouth resuscitation

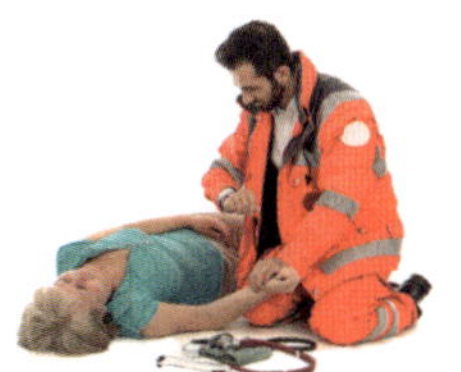

die ***Pulsmessung*** -en
pulse measurement

die ***stabile Seitenlage***
recovery position

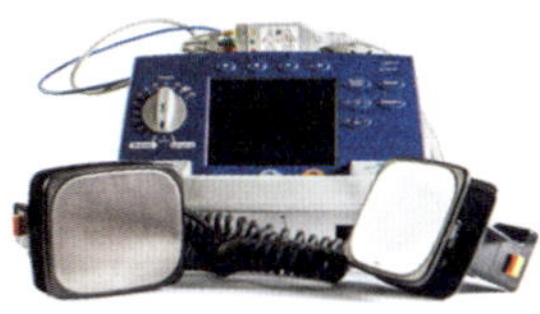

der ***Defibrillator*** -en
defibrillator

der ***Puls*** -e
pulse

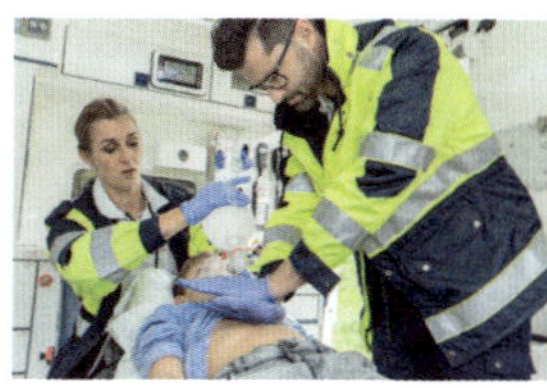

die ***Herzdruckmassage*** -n
cardiac pressure massage

der **Unfall** Unfälle	accident	
der **Unfallort** -e	accident scene	
bewusstlos	unconscious	
erste Hilfe leisten	to apply first aid	
der **Notarzt** -ärzte	emergency doctor	
die **Notärztin** -nen	emergency doctor	

VERBANDSKASTEN – FIRST-AID KIT

das ***Verbandszeug*** kein Pl
dressing material

das ***Pflaster*** –
plaster

der ***Verband*** Verbände
dressing

die ***Verbandschere*** -n
bandage scissors

das ***Fixierpflaster*** kein Pl
sticking plaster

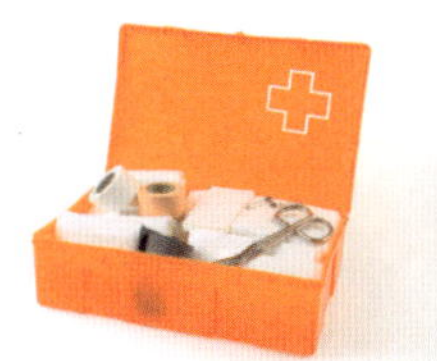

der **Erste-Hilfe-Kasten** -Kästen
first-aid kit

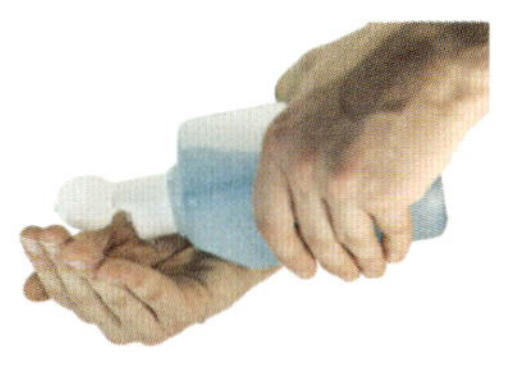

das **Desinfektionsmittel** -
disinfectant

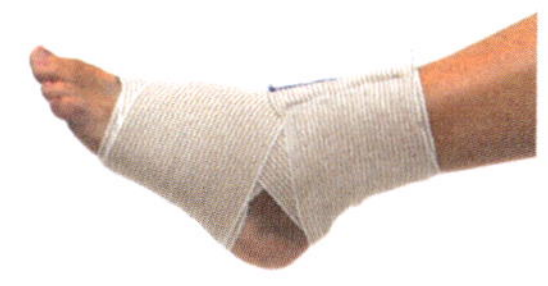

die **Bandage** -n
bandage

die **Mullbinde** -n
gauze bandage

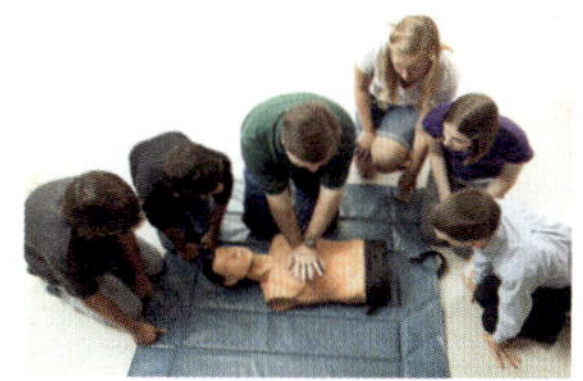

der **Erste-Hilfe-Kurs** -e
first-aid course

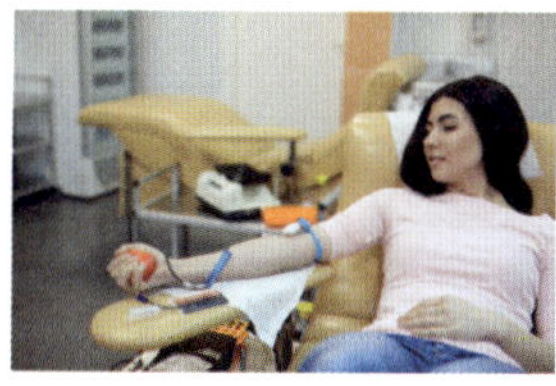

die **Blutspende** -n
blood donation

steril	sterile	
überleben	to survive	
traumatisiert	traumatised	
unter Schock stehen	to be in shock	
der **Schock** -s	shock	
die **Organspende** -n	organ donation	
das **Adrenalin** kein Pl	adrenaline	

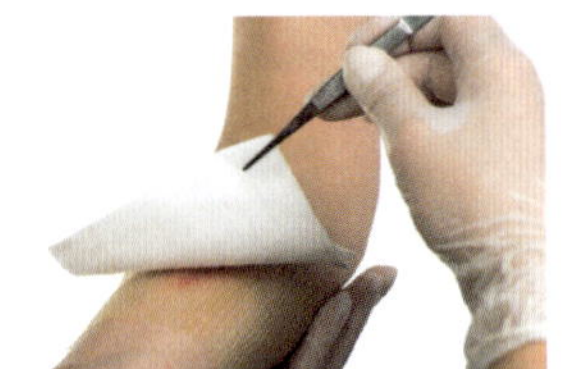

die **Wundauflage** -n
wound dressing

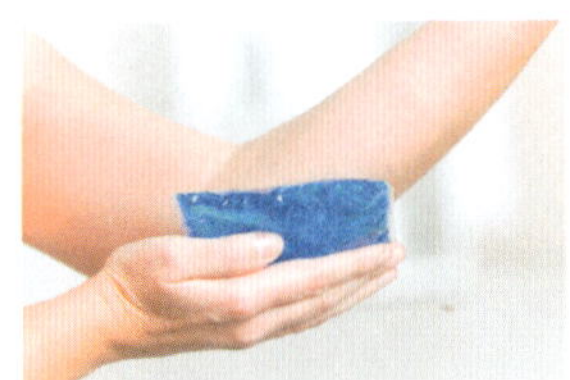

die **Kompresse** -n
gauze

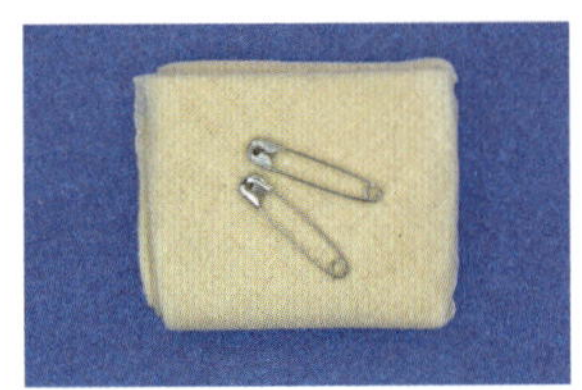

der **Dreiecktuch** -tücher
triangular cloth

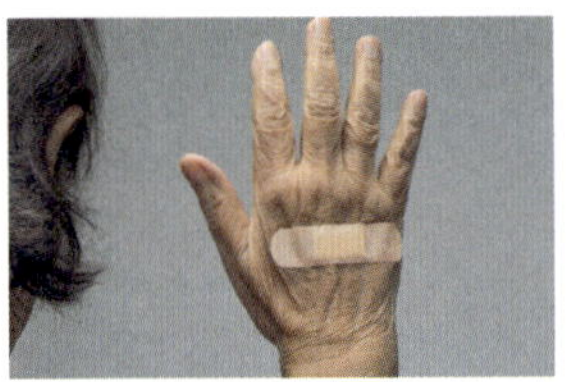

das **Heftpflaster** -
(sticking) plaster

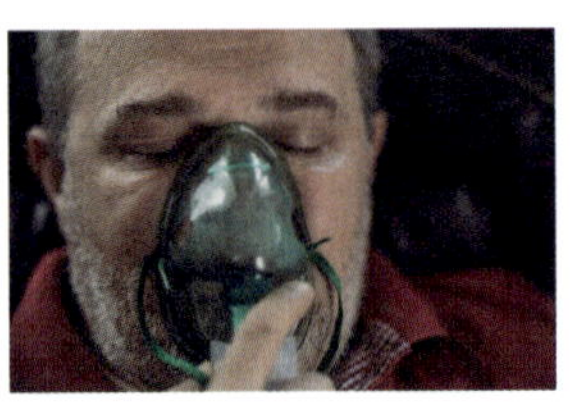

die **Beatmungsmaske** -n
surgical mask

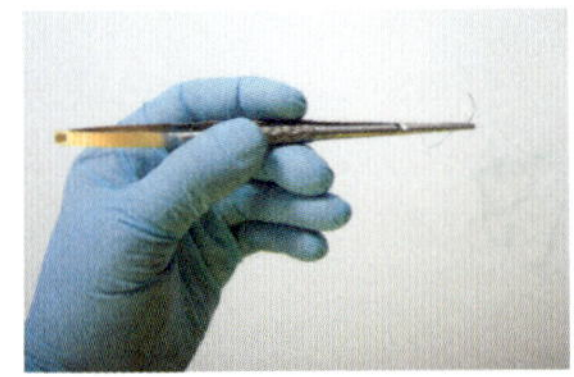

die **Pinzette** -n
thumb forceps

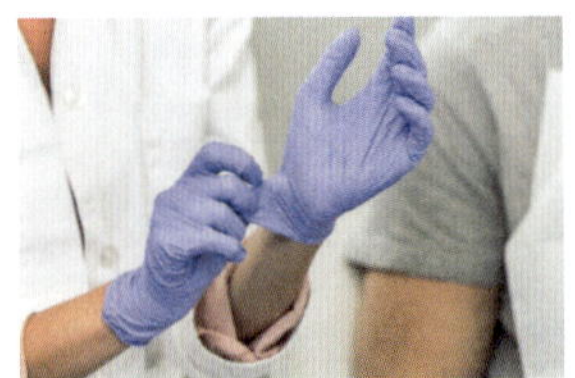

der **Einmalhandschuh** -e
disposable glove

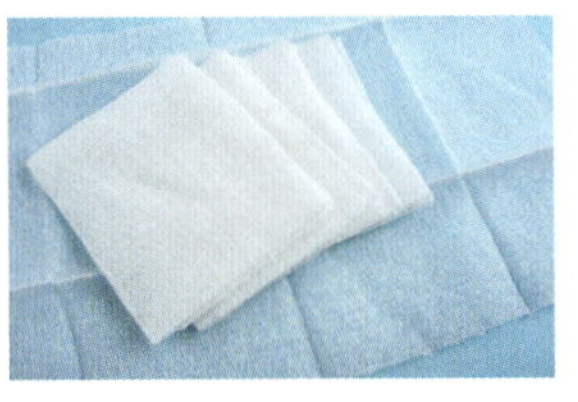

das **Verbandstuch** -tücher
dressing material

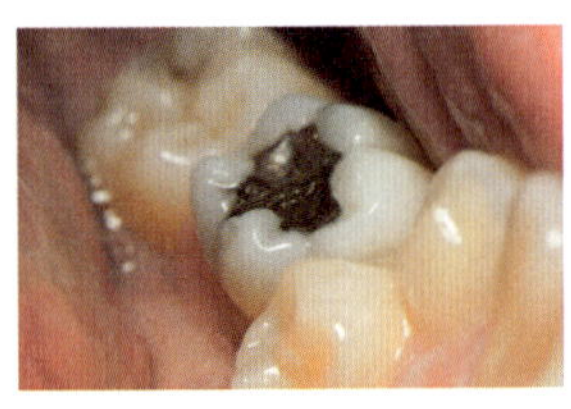

die **Plombe** -n **/plombiert**
filling/filled

DIE APOTHEKE

THE PHARMACY

MEDIKAMENT – MEDICATION

das ***Medikament*** –e
medication

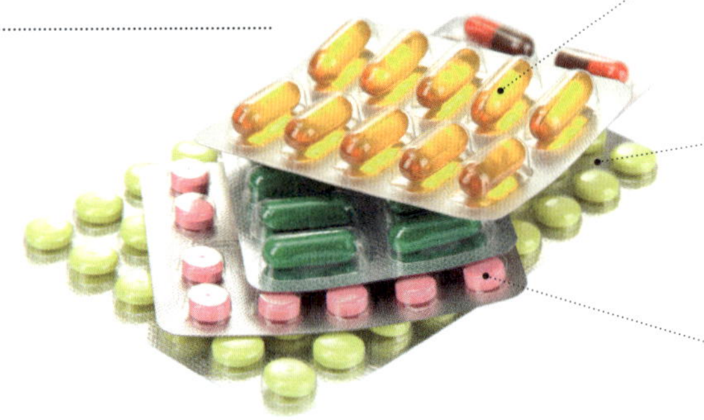

die ***Kapsel*** –n
capsule

die ***Sichtverpackung*** –en
blister pack

die ***Tablette*** –n
tablet

der ***Hustensaft*** –säfte
cough mixture

der ***Messbecher*** –
measuring cup

die ***Dosierung*** –en
dosage

die ***Apothekerin*** –nen
pharmacist

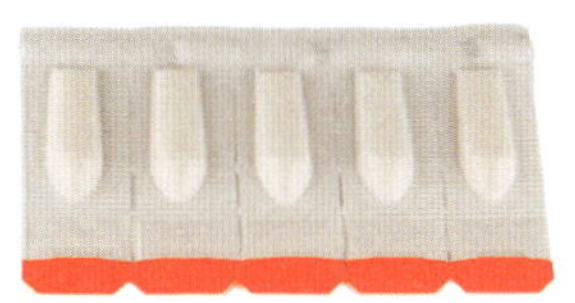

das ***Zäpfchen*** –
suppository

die ***Salbe*** –n
ointment

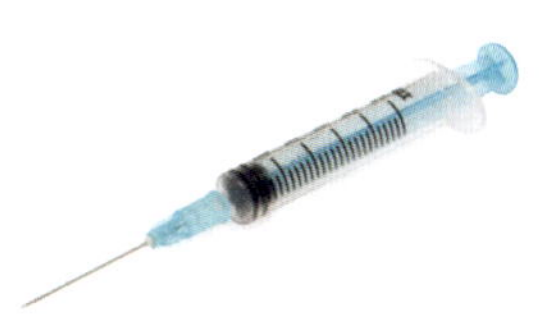

die ***Spritze*** –n
syringe

die ***Tropfen*** Pl
drops

der/das Spray –s
spray

die ***Brausetablette*** –n
effervescent tablet

die ***Vitamintablette*** –n
vitamin pill

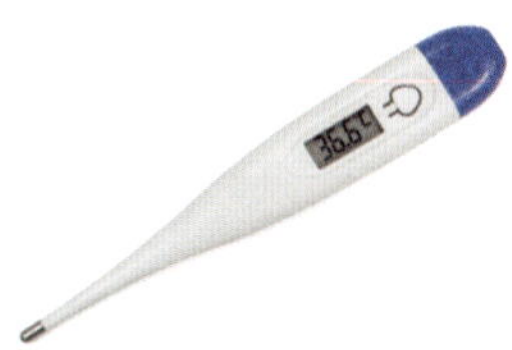

das/der ***Fieberthermometer*** –
thermometer

das **Symptom** -e	symptom	
die **Nebenwirkung** -en	side effect	
der **Beipackzettel** -	instruction leaflet	
die **Hautpflege** kein Pl	skin care	
das **Schmerzmittel** -	painkiller	
das **Beruhigungsmittel** -	sedative	
die **Schlaftablette** -n	sleeping pill	
das **Verfallsdatum** -daten	expiry date	
die **Indikation** -en	indication	
die **Wechselwirkung** -en	adverse effect	
die **Gegenanzeige** -n	contraindication	
rezeptfrei	over-the-counter	
rezeptpflichtig	prescription	
ein Medikament bestellen	to order medication	
ein Medikament abholen	to pick up medication	
Dieses Medikament ist rezeptfrei.	This medication is over-the-counter.	

APOTHEKE – DISPENSING CHEMIST'S

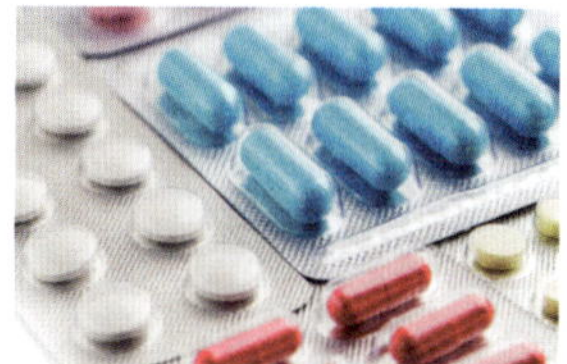

das **Arzneimittel** –
medication

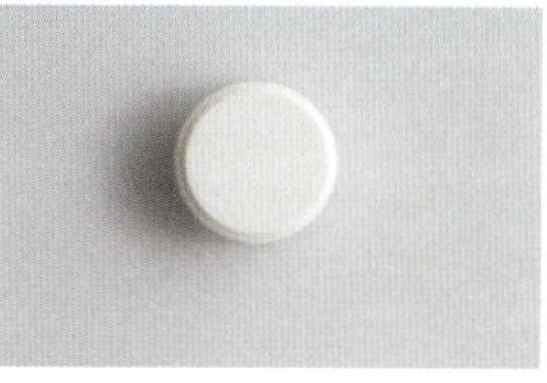

die **Filmtablette** –n
film-coated tablet

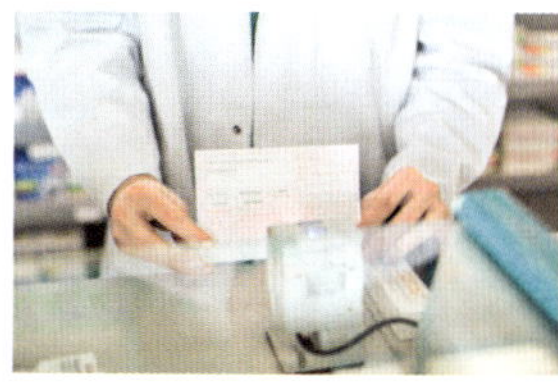

Rezept –e
prescription

der **Preis** –e
price

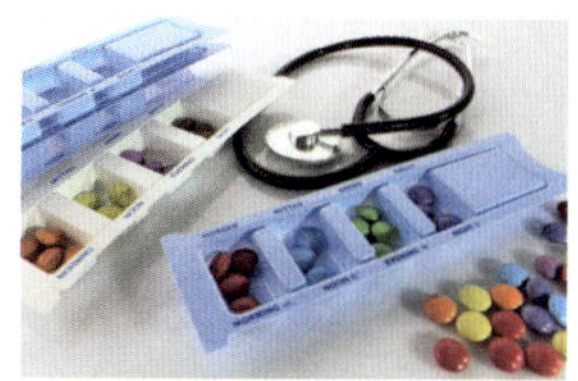

die **Dosierung** –en
dose

Medikamente nehmen
to take medication

die **Kautablette** –n	chewable tablet	
die **Lutschtablette** –n	lozenge	
die **Pastille** –n	pastille	
das **Kassenrezept** –e	prescription for the statutory health insured	
das **Privatrezept** –e	private prescription	
die **Zuzahlung** –en	deductible	

DIE WICHTIGSTEN SÄTZE – ESSENTIAL PHRASES

Mit diesen nützlichen Wörtern und Sätzen drücken Sie sich in den wichtigsten und häufigsten Situationen sicher aus.

IM GESPRÄCH – IN CONVERSATION

APOTHEKE – DISPENSING CHEMIST'S

Dieses Medikament hat viele Nebenwirkungen.	This medication has many side effects.	
Dieses Medikament ist bei Diabetes verboten.	This medication is forbidden for diabetics.	
Eine Asthmaerkrankung ist eine Gegenanzeige für die Gabe eines Betablockers.	Beta-blockers are contraindicated in asthma.	
Ich begleite Sie in die Apotheke.	I'll accompany you to the chemist's.	
A: Ich brauche dieses Medikament.	A: I need this medication.	
B: Dieses Medikament ist rezeptpflichtig. Haben Sie ein Rezept dabei?	B: This medication is on prescription. Do you have a prescription with you?	
A: Ja, ist das Medikament da?	A: Yes, do you have the medication?	
A: Wir haben es leider nicht vorrätig. Soll ich es für Sie bestellen?	A: I'm sorry, we don't have it in stock. Shall I order it for you?	
B: Ja, bitte.	B: Yes please.	
A: Das Medikament ist ab 12 Uhr für Sie abholbereit.	A: You can pick up the medication from 12 today.	

APPLIKATIONSFORMEN DER MEDIKAMENTE – FORMS OF MEDICINAL ADMINISTRATION

das **Pulver** –

powder

das **Granulat** –e

granules

die **Creme** –s

cream

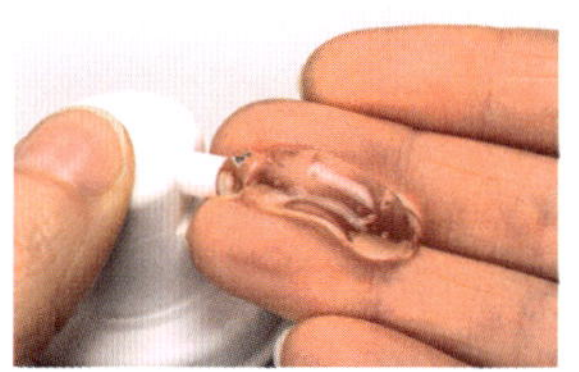

das **Gel** –e

gel

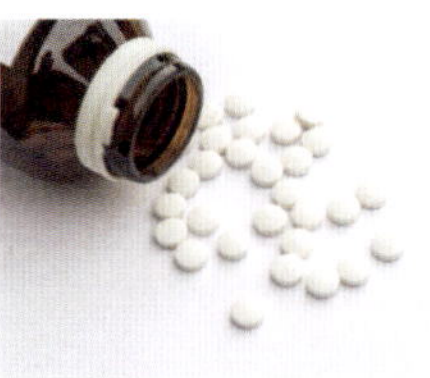

das **Dragee** –s

dragée

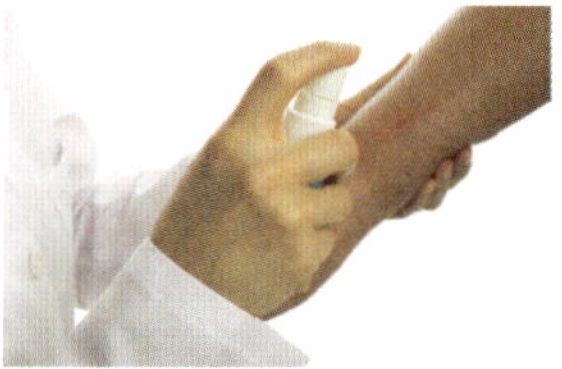

das/der **Spray** –s

spray

die **Wundsalbe** –n	salve	
einnehmen	to take	
schlucken	to swallow	
eincremen	to rub in cream	
auftragen	to apply	
Salbe/Creme auf die Haut auftragen	to apply salve/cream to the skin	
Tabletten schlucken	to swallow tablets	
Zäpfchen einführen	to insert a suppository	

DIE WICHTIGSTEN SÄTZE – ESSENTIAL PHRASES

Mit diesen nützlichen Wörtern und Sätzen drücken Sie sich in den wichtigsten und häufigsten Situationen sicher aus.

IM GESPRÄCH – IN CONVERSATION

APPLIKATIONSFORMEN DER MEDIKAMENTE – FORMS OF MEDICINAL ADMINISTRATION

Kautabletten sollte man nicht schlucken.	You shouldn't swallow chewable tablets whole.	
auf die richtige Dosierung achten	to note the correct dose	
Zur Einnahme von Tabletten sollte man ausreichend Wasser trinken.	You should drink plenty of water when taking tablets.	
Beim Verabreichen von Medikamenten sollte man auf die richtige Dosierung achten.	Note the correct dose when administering medication.	
Eine Salbe hilft beim Einführen von Zäpfchen.	A salve helps to insert a suppository.	
Beim Auftragen von Salben tragen Sie Einmalhandschuhe.	You should wear disposable gloves when applying salves.	

TYPEN VON MEDIKAMENTEN - TYPES OF MEDICINES

das ***Antibiotikum*** Antibiotika	antibiotic	
das ***Beruhigungsmittel*** -	sedative	
das ***Schmerzmittel*** -	analgesic	
das ***Schlafmittel*** -	soporific	
das ***Abführmittel*** -	laxative	
das ***Mittel gegen Rheuma*** -	antirheumatic	
der ***Cholesterinsenker*** -	statin	
der ***Blutdrucksenker*** -	antihypertensive	
das ***Antidepressivum*** Antidepressiva	antidepressant	
das ***Antiallergikum*** Antiallergika	antiallergenic	
die ***Kopfschmerztablette*** -n	headache pill	
die ***Schmerzsalbe*** -n	pain-relieving salve	
das ***fiebersenkende Mittel*** -	antipyretic	
das ***Mittel gegen...*** -	remedy for ...	

DIE WICHTIGSTEN SÄTZE – ESSENTIAL PHRASES

Mit diesen nützlichen Wörtern und Sätzen drücken Sie sich in den wichtigsten und häufigsten Situationen sicher aus.

IM GESPRÄCH – IN CONVERSATION

TYPEN DER MEDIKAMENTE – TYPES OF MEDICINES

ein Mittel gegen Verstopfung/Durchfall/Sodbrennen nehmen	to take a remedy for constipation/diarrhoea/heartburn	
Ich nehme Abführmittel gegen meine Verstopfung.	I'm taking laxatives for my constipation.	
Antiallergika helfen bei Allergien.	Antiallergenics help to counteract allergies.	
Herr Schmidt benutzt eine Schmerzsalbe gegen seine Gelenkschmerzen.	Mr Schmidt uses a pain-relieving salve on his joints.	
Frau Köberle nimmt Antibiotika gegen ihre Lungenentzündung.	Ms Köberle is taking antibiotics for her pneumonia.	
Ich kann nicht schlafen.	I can't sleep.	
Nehmen Sie doch eine Schlaftablette.	Then take a sleeping pill.	
Sie haben hohes Fieber.	You're running a temperature.	
Ich gebe Ihnen ein fiebersenkendes Mittel.	I'll give you something for the fever.	

VORSORGE

PREVENTIVE HEALTH CARE

KRANKENGYMNASTIK – PHYSICAL THERAPY

die ***Bewegungstherapie*** –n
exercising therapy

die ***Gymnastikübung*** –en
balance and coordination exercise

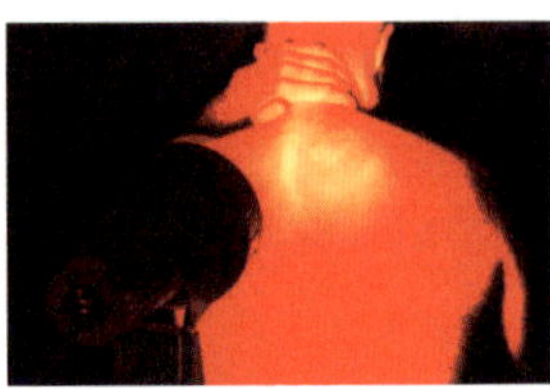

die ***Wärmetherapie*** –n
cryotherapy and thermotherapy

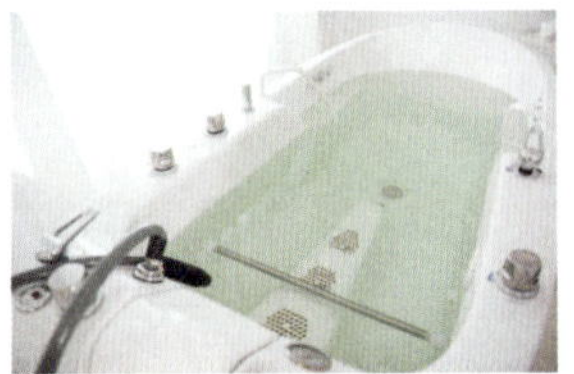

die ***Hydrotherapie*** –n
hydrotherapy

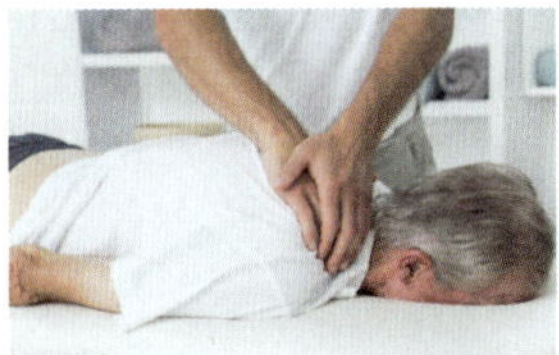

die ***Massage*** –n
massage

die ***Aquagymnastik*** kein Pl
water aerobics

die **Krankengymnastik** kein Pl	physical therapy	
die **Bewegung** –en	exercising	
die **Übung** –en	exercise	
Muskeln aufbauen	to build up the muscles	
der **Venentrainer** –	compression massager	
das **Ballkissen** –	wobble cushion	
das **Gewicht** –e	weight	

die ***Rückengymnastik*** **kein Pl**
back exercises

der ***Gymnastikball*** **-bälle**
exercise ball

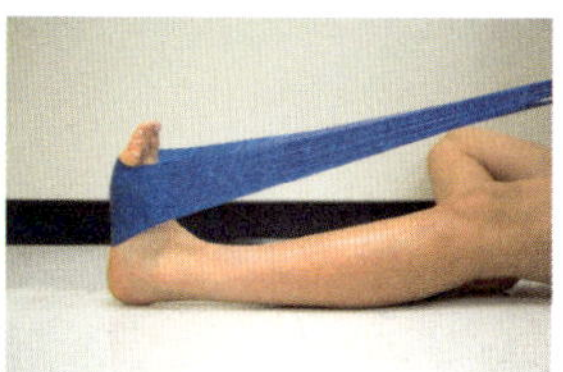

das ***Thera-Band®*** **-Bänder**
workout band

die ***Gymnastikmatte*** **-n**
exercise mat

die ***Rolle*** **-n**
roll

die ***Blackroll®***
Blackroll®

beugen	to bend over	
mit den Armen kreisen	to circle one's arms	
Arme ausstrecken	to stretch out one's arms	
eine Faust machen	to make a fist	
den Arm/den Fuß gegen die Matte drücken	to press one's arm/foot against the mat	

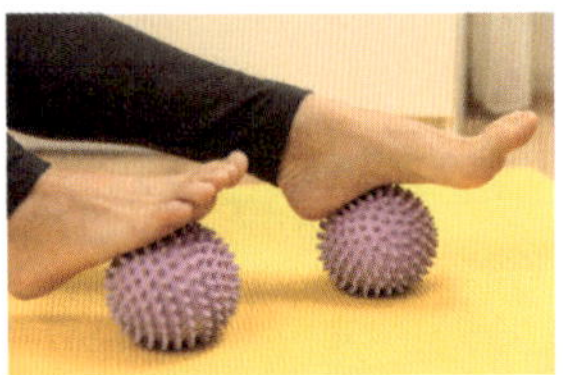

der ***Massageball*** –bälle
massage ball

die ***Therapieknete*** –n
therapy putty

in die Hocke gehen
to crouch down

Arme hochheben
to lift up one's arms

Arme ausbreiten
to spread out one's arms

sich abstützen
to support oneself

Finger spreizen
to spread one's fingers

Katzenbuckel machen
to arch one's back

Hohlkreuz –e
hollow back

ins Hohlkreuz gehen	to bend over backwards	
aufstehen	to stand up	
sich hinsetzen	to sit down	
sich hinlegen	to lie down	
die Hüfte mobilisieren	to swing one's hips	
ein paar Schritte gehen	to walk a few steps	
das **Lordosekissen –**	lumbar cushion	
in die Knie gehen	to sink to one's knees	
die Beine anziehen	to tuck up one's legs	
die Beine hochheben	to lift up one's legs	
auf einem Bein stehen	to stand on one leg	
Gleichgewicht halten	to keep one's balance	
den Fuß hin und her bewegen	to move one's foot back and forth	
den Kopf drehen	to turn one's head	
die Schultern hochziehen	to hunch one's shoulders	
den Kopf gegen die Hände drücken	to press one's head against one's hands	
die Übung wiederholen	to repeat the exercise	
am Band ziehen	to pull on the band	
den Muskel anspannen	to tense the muscle	
loslassen	to let go	

HYGIENE – HYGIENE

Hände desinfizieren
to disinfect one's hands

Hände waschen
to wash one's hands

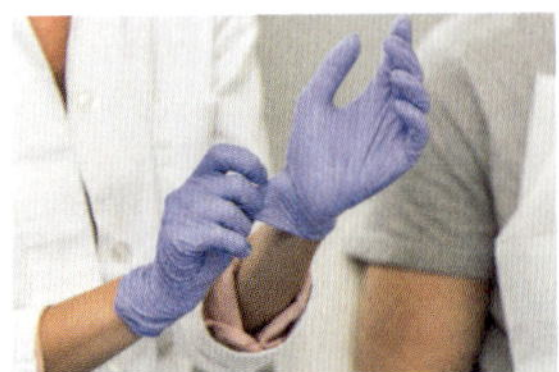

der ***Einmalhandschuh*** –e
disposable glove

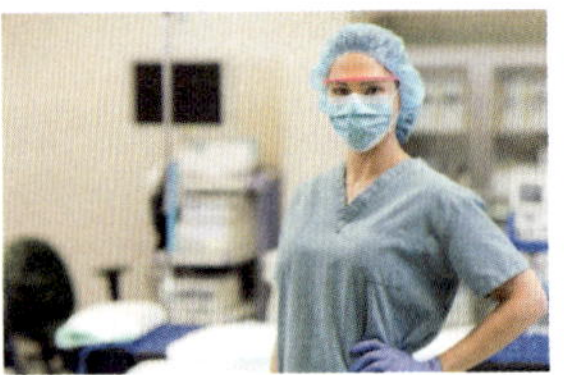

der ***Schutzkittel*** –
(hospital) gown

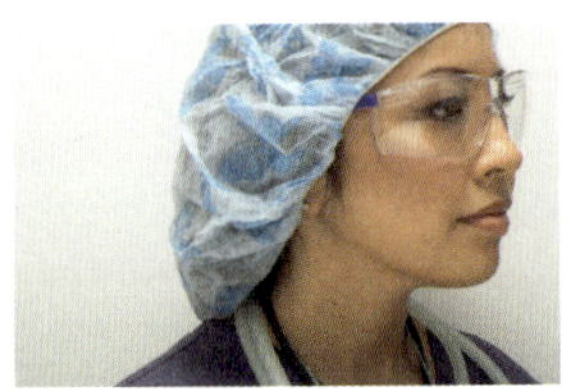

die ***Schutzbrille*** –n
(medical) safety glasses

der ***Haarschutz*** –e
cap

der **Desinfektionsmittel-spender** –	disinfectant dispenser	
das **Händedesinfektions-mittel** –	hand disinfectant	
Desinfektionsmittel einreiben	to rub in disinfectant	
die **Flächendesinfektions-lösung** –en	surface disinfectant solution	

eine Fläche mit Desinfektionsmittel besprühen	to spray disinfectant on a surface	
eine Fläche mit Desinfektionsmittel abwischen	to wipe off a surface with disinfectant	
der **Mund- und Nasenschutz** -e	surgical mask	
Einmalhandschuhe tragen	to wear disposable gloves	
Nasen- und Mundschutz tragen	to wear a surgical mask	
der **Hygieneplan** -pläne	hygiene plan	
der/das **Virus** Viren	virus	
das **Bakterium** Bakterien	bacterium	
der **Keim** -e	germ	
der **Erreger** -	pathogen	
der **Schmutz** kein Pl	dirt	
die **Infektion** -en	infection	
die **Kontaktinfektion** -en	contagion	
die **Tröpfcheninfektion** -en	airborne infection	
die **Schmierinfektion** -en	smear infection	
die **nosokomiale Infektion** -en	hospital-acquired infection	
der **multiresistente Keim** -e	multidrug-resistant bacterium	
sterilisieren	to sterilize	
sich schützen	to protect oneself	
sich infizieren	to become infected	

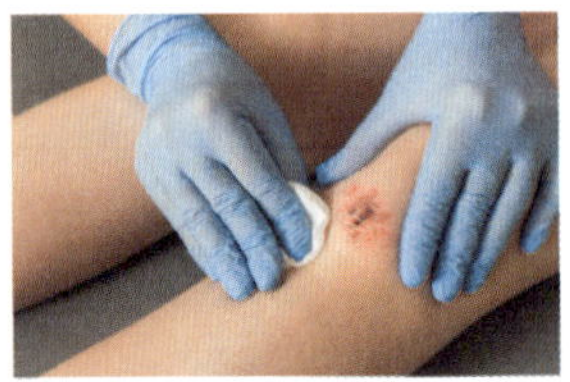

desinfizieren
to disinfect

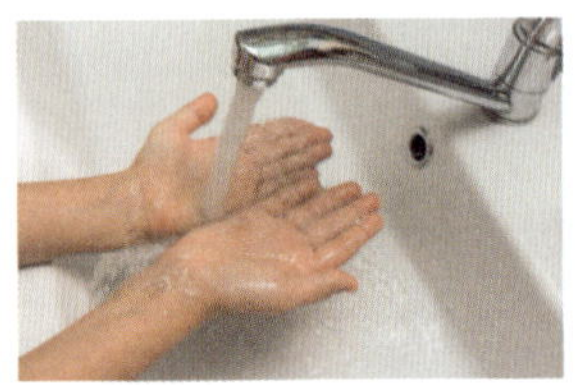

sauber
clean

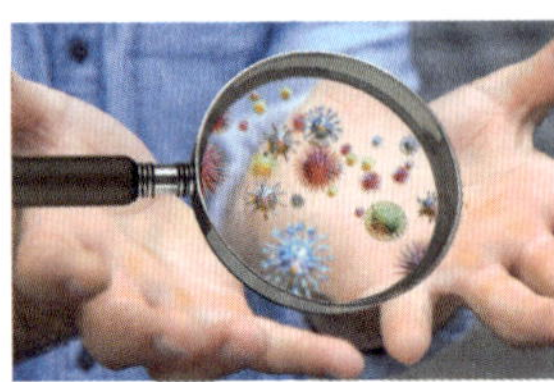

unrein
soiled

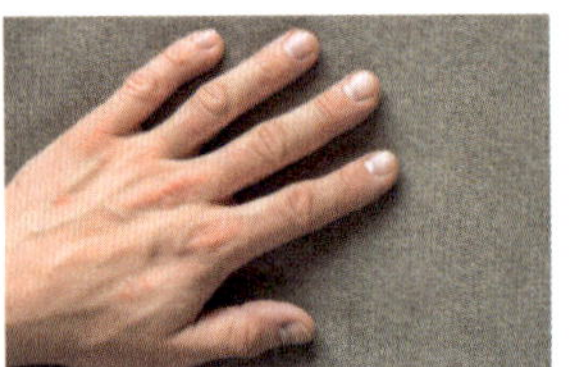

kein Nagellack
no nail varnish

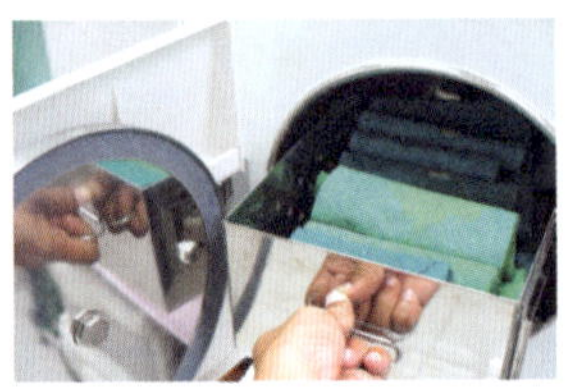

sterilisiert
sterilized

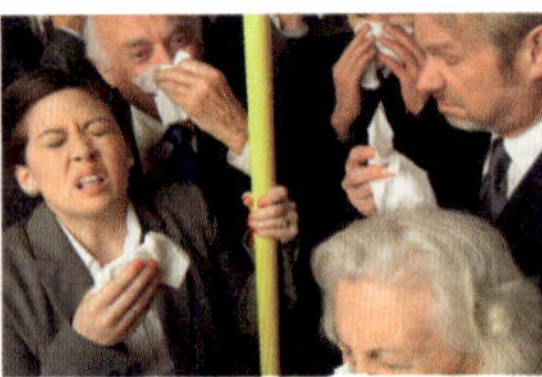

sich anstecken
to catch a disease

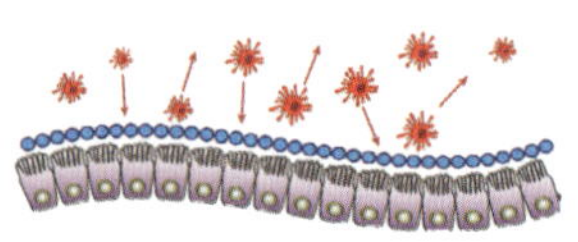

das ***Immunsystem*** –e
immune system

die ***Schmutzwäsche*** Pl
soiled washing

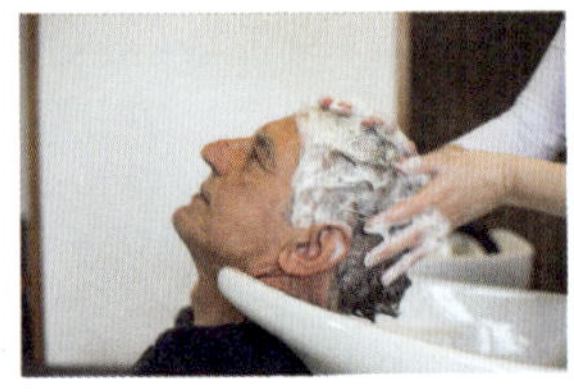

Haare waschen
to wash one's hair

DIE WICHTIGSTEN SÄTZE – ESSENTIAL PHRASES

Mit diesen nützlichen Wörtern und Sätzen drücken Sie sich in den wichtigsten und häufigsten Situationen sicher aus.

IM GESPRÄCH – IN CONVERSATION

HYGIENE – HYGIENE

*den **Patienten/**die **Patientin schützen***	to protect the patient	
Pflegeutensilien reinigen	to clean care utensils	
*die **saubere Arbeitskleidung*** -en	clean work clothes	
eine Krankheit übertragen	to communicate a disease	
*der **Schutz vor Ansteckung*** kein Pl	protection against infection	
*das **geschwächte Immunsystem*** -e	weakened immune system	
*der **Wäschesack aus Plastik*** -säcke	plastic laundry bag	
sich mit einer Krankheit anstecken	to catch a disease	
ein schwaches Immunsystem haben	to have a weak immune system	
Ältere und kranke Menschen haben oft ein geschwächtes Immunsystem.	The elderly and the ill often have a weak immune system.	
Händedesinfektion schützt vor Übertragung von Krankheiten.	Disinfecting your hands protects against communicable diseases.	

HYGIENE – HYGIENE		
Die Fingernägel sollten möglichst kurz sein.	Fingernails should be as short as possible.	
Desinfektionsmittel mindestens 30 Sekunden lang in die Hände einreiben.	Rub disinfectant into your hands for at least thirty seconds.	
Das Desinfektionsmittel sollte auch in die Fingerzwischenräume eingerieben werden.	The disinfectant should also be rubbed into the spaces between your fingers.	
Schmutzwäsche sollte in einem Wäschesack aus Plastik aufbewahrt werden.	Soiled washing should be kept in a plastic washing bag.	
Flächen sollten mit einer Desinfektionslösung abgewischt werden.	Surfaces should be wiped with a disinfectant solution.	
Schmutzwäsche sollte man im Wäschesack aus Plastik aufbewahren.	Soiled washing should be kept in a plastic washing bag.	

KRANKHEITEN IM ALTER UND PROPHYLAXE

AGE-RELATED DISEASES AND PROPHYLAXIS

DIABETES – DIABETES

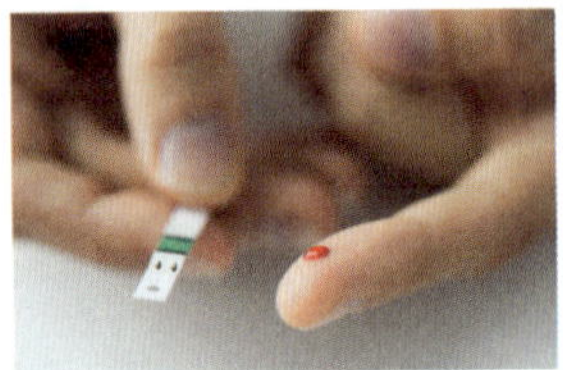

die ***Einstichstelle*** –n
testing site

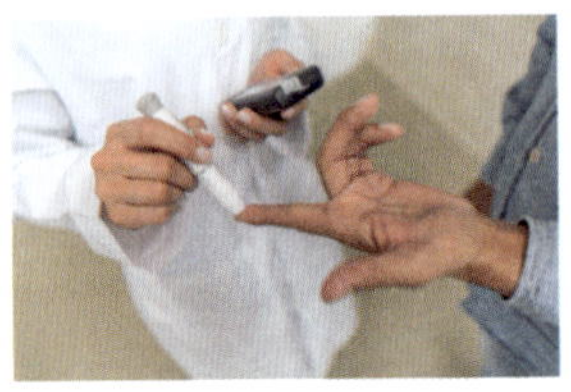

die ***Fingerkuppe*** –n
fingertip

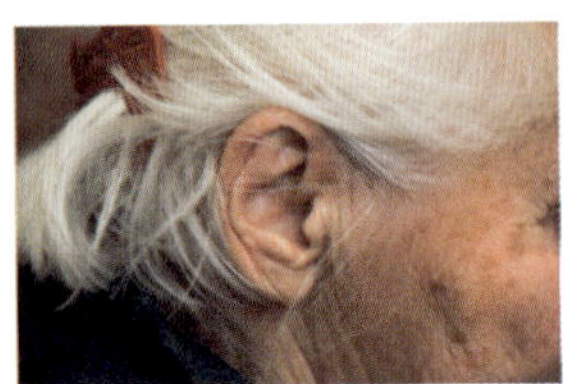

das ***Ohrläppchen*** –
earlobe

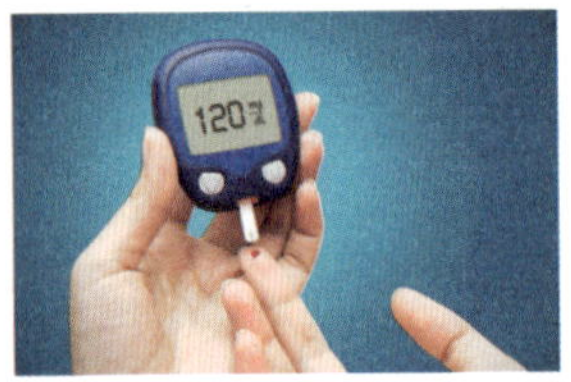

der ***Blutzuckerwert*** –e
blood-sugar level

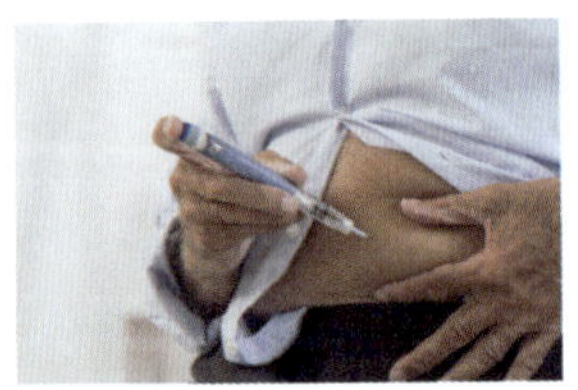

Insulin spritzen
to inject insulin

der ***Pen*** –s
insulin pen

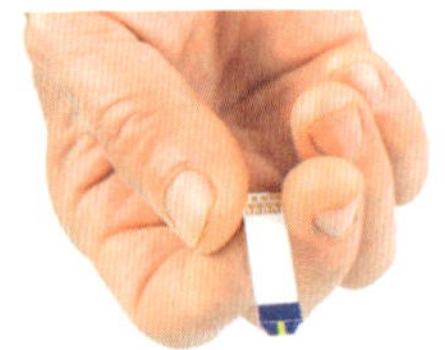

der ***Teststreifen*** –
test strip

gesunde Ernährung
healthy diet

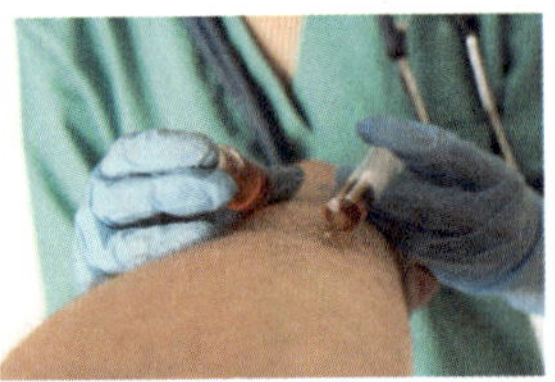

Insulin verabreichen
to administer insulin

DIE WICHTIGSTEN SÄTZE - ESSENTIAL PHRASES

Mit diesen nützlichen Wörtern und Sätzen drücken Sie sich in den wichtigsten und häufigsten Situationen sicher aus.

IM GESPRÄCH - IN CONVERSATION

DIABETES - DIABETES

der ***Diabetes mellitus*** kein Pl	diabetes mellitus	
die ***Überzuckerung*** -en	hyperglycaemia	
die ***Unterzuckerung*** -en	hypoglycaemia	
optimale/erhöhte Blutzuckerwerte	normal/high blood-sugar level	
das ***Blutzuckermess-gerät*** -e	glucose monitor	
die ***Blutzuckerkont-rolle*** -n	monitoring blood-sugar levels	
eine subkutane Injek-tion verabreichen	to administer a subcuta-neous injection	
Ich messe jetzt Ihren Blutzucker.	I'm going to measure your blood-sugar level now.	
Ihre Blutzuckerwerte sind gut/in Ordnung.	Your blood-sugar level is good/normal.	
Es ist wichtig sich viel zu bewegen.	It is important to exercise a lot.	
Die Blutzuckerwerte müssen regelmäßig kontrolliert werden.	Your blood-sugar level must be monitored regularly.	
Ich verabreiche Ihnen jetzt Insulin.	I'm going to administer insulin to you now.	

BLUTDRUCK - BLOOD PRESSURE

der **Blutdruckwert** –e
blood-pressure level

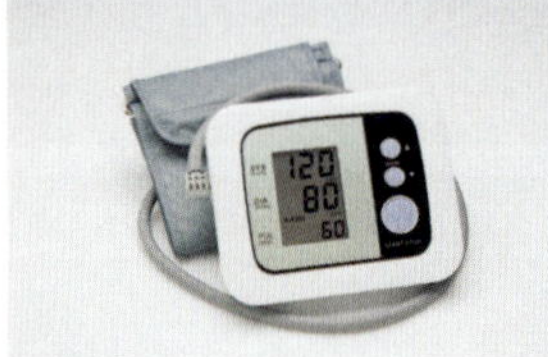

das ***Blutdruckmessgerät*** –e
blood-pressure monitor

Blutdruck messen
to take the patient's blood pressure

Ihr Blutdruck ist zu hoch.	Your blood pressure is too high.	
das **Blutdruck** kein Pl	blood pressure	
der **Blutdrucksenker** –	antihypertensive	
der **Bluthochdruck (Hypertonie)** kein Pl	high blood pressure (hypertension)	
der **Blutniedrigdruck (Hypotonie)** kein Pl	low blood pressure (hypotension)	
die **Blutdruckkontrolle** –n	monitoring blood pressure	

DIE WICHTIGSTEN SÄTZE – ESSENTIAL PHRASES

Mit diesen nützlichen Wörtern und Sätzen drücken Sie sich in den wichtigsten und häufigsten Situationen sicher aus.

IM GESPRÄCH – IN CONVERSATION

BLUTDRUCK – BLOOD PRESSURE

Der normale Blutdruckwert liegt zwischen 120/80 und 140/90.	Normal blood pressure is between 120 to 80 and 140 to 90.	
Ich komme zum Blutdruck messen/ kontrollieren.	I've come to take/check your blood pressure.	
Ich möchte jetzt Ihren Blutdruck messen/ kontrollieren.	I'd now like to take/check your blood pressure.	
Alles o.k., die Werte sind in Ordnung/ normal/gut.	Everything's okay, your blood pressure is normal/good.	
Ihre Werte sind viel zu hoch. Geht es Ihnen gut?	Your blood pressure is far too high. Are you feeling well?	

THROMBOSE – THROMBOSIS

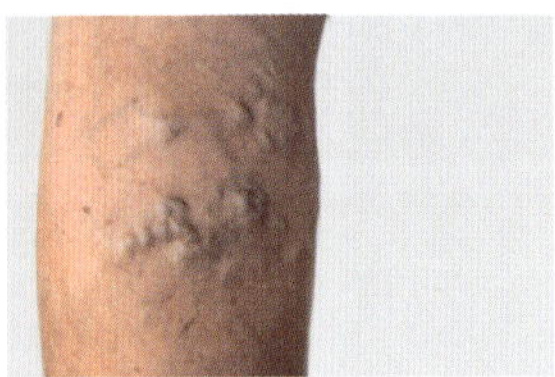

die ***Krampfader*** –n
varicose vein

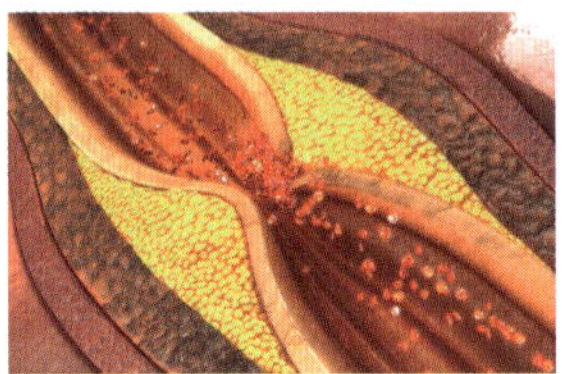

der ***Gefäßverschluss*** –
clogged blood vessel

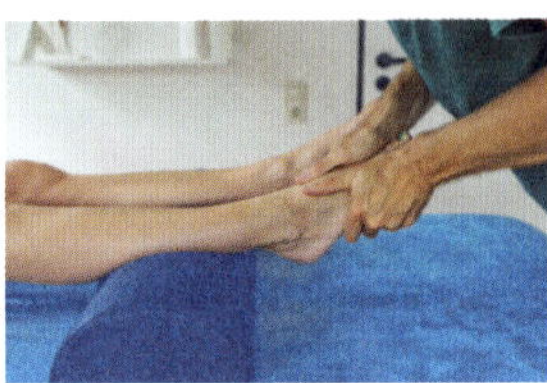

Beine hochlagern
to put up one's feet

MT-Strümpfe Pl	antithrombosis stockings	
das **Blutgerinnsel** –n	blood clot	
Thromboseprophylaxestrümpfe Pl	antithrombosis stockings	
Heparin spritzen	to inject heparin	
Beine anheben	to lift up a patient's legs	
Fußkreisen	circling one's feet	
auf der Stelle treten	to walk on the spot	
Ausstreichen der Beine	rubbing one's legs	

DEKUBITUS (CHRONISCHE WUNDEN) – PRESSURE ULCERS (CHRONIC WOUNDS)

der **bettlägerige Patient -en** *die* **bettlägerige Patientin -nen**	patient confined to bed	
das **Druckgeschwür -geschwüre**	bedsore	
ein Druckgeschwür bekommen	to get a bedsore	
Position wechseln	to change position	
Position verändern	to change position	
sich bewegen	to move	
sich drehen	to turn over	
kleine Körperbewegungen machen	to make small movements	
Bewegen Sie sich im Bett immer ein bisschen.	Always move a little in bed.	
Lassen Sie uns Ihre Beine etwas bewegen.	Let us move your legs a little.	
das **Venenkissen -**	leg-raiser cushion	
Ich möchte Ihnen eine Spritze geben.	I'd like to give you an injection.	
Machen Sie bitte Ihren Bauch frei.	Please uncover your stomach.	
Man streicht die Beine immer herzwärts aus, vom Knöchel bis zum Knie.	You should always rub your legs towards your heart, from the ankle to the knee.	
Fußkreisen kann man im Sitzen oder im Stehen machen.	You can circle your feet sitting or standing.	

CHRONISCHE BRONCHITIS – CHRONIC BRONCHITIS

tief einatmen
to take a deep breath

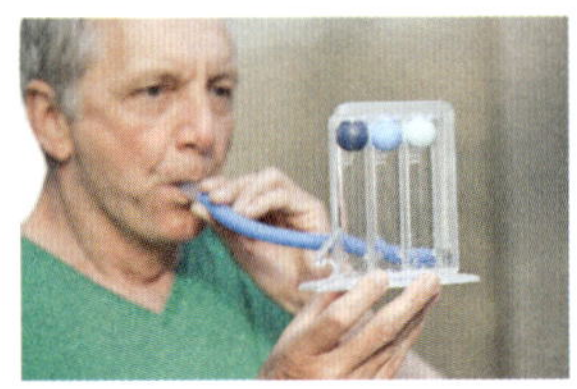

die ***Atemgymnastik*** –
respiratory therapy

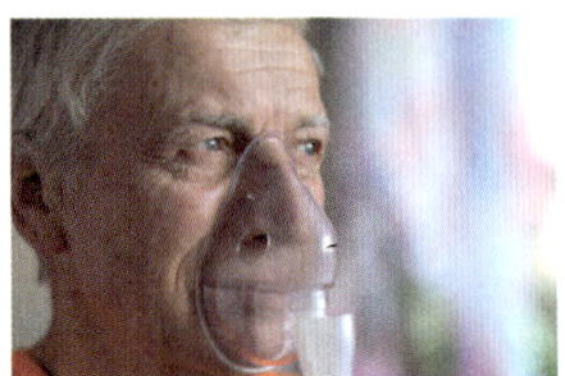

die ***Inhalation*** –en
inhalation

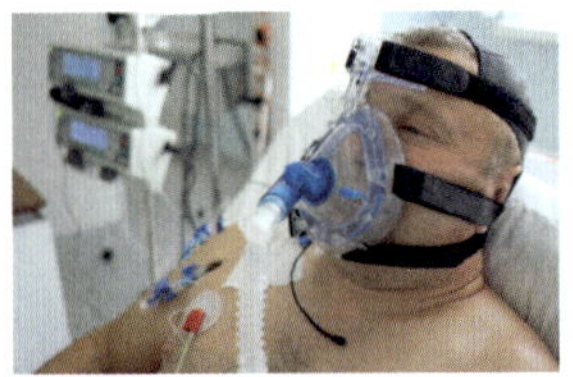

die ***Lungenbelüftung*** –en
aeration of the lungs

der ***Husten*** kein Pl
cough

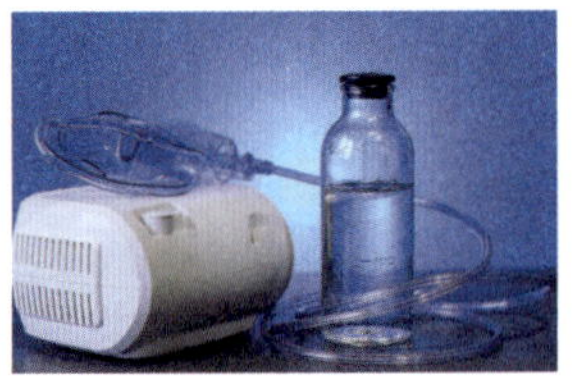

das ***Sauerstoffgerät*** –e
oxygen apparatus

die **Atmung** kein Pl	breathing	
atmen	to breathe	
einatmen	to breathe in	
ausatmen	to breathe out	
husten	to cough	
den **Atem anhalten**	to hold one's breath	
Sekret aushusten	to cough up phlegm	
das **Absauggerät** –e	suction device	

DIE WICHTIGSTEN SÄTZE – ESSENTIAL PHRASES

Mit diesen nützlichen Wörtern und Sätzen drücken Sie sich in den wichtigsten und häufigsten Situationen sicher aus.

IM GESPRÄCH – IN CONVERSATION

LUNGENENTZÜNDUNG/CHRONISCHE BRONCHITIS – PNEUMONIA/CHRONIC BRONCHITIS

Können Sie schlecht atmen?	Do you find it hard to breathe?	
Ich setze Sie auf.	I'll sit you up.	
Ich lüfte das Zimmer.	I'll let some fresh air into the room.	
Wir machen jetzt Atemgymnastik.	We're now going to do some respiratory exercises.	
Atmen Sie langsam ein.	Breathe in slowly.	
Jetzt halten Sie den Atem kurz an.	Now hold your breath for a moment.	
Atmen Sie jetzt langsam aus.	Now breathe out slowly.	
Ich klopfe jetzt Ihren Rücken ab.	I'm going to tap your back now.	

DEMENZ - DEMENTIA

die ***Alzheimer-Demenz*** **-en**
Alzheimer's (disease)

das ***logische Denken*** **kein Pl**
critical thinking

die ***Konzentration*** **kein Pl**
concentration

die **Altersdemenz -en**	senile dementia	
die **Aufmerksamkeit kein Pl**	attention	
die **Wahrnehmung -en**	perception	
das **Gedächtnis -se**	memory	
das **Kurzzeitgedächtnis -se**	short-term memory	
die **Vergesslichkeit -en**	forgetfulness	
die **Verwirrtheit -en**	confusion	

DEPRESSION - DEPRESSION

die **Depression** -en	depression	
die **Angst** Ängste	anxiety	
die **Verlustangst** -ängste	fear of loss	
Angst vor dem Tod	fear of death	
Angst zu sterben	fear of dying	
die **Müdigkeit** kein Pl	fatigue	
traurig	sad	
niedergeschlagen sein	to be down	

OSTEOPOROSE UND STURZPROPHYLAXE - OSTEOPOROSIS AND FALL PREVENTION

brüchige Knochen	brittle bones	
aufpassen beim Laufen	to take care when running	
vorsichtig laufen	to run carefully	
in der Sonne sein	to be in the sun	
Sturzrisiken vermeiden	to avoid risks of falling	
der **Schlaganfall** -fälle	stroke	
die **Lähmung** -en	paralysis	
partielle Lähmung -en	partial paralysis	
bettlägerig	confined to bed	

UNTERSUCHUNGEN BEIM ARZT – PHYSICAL EXAMINATIONS AT THE DOCTOR'S

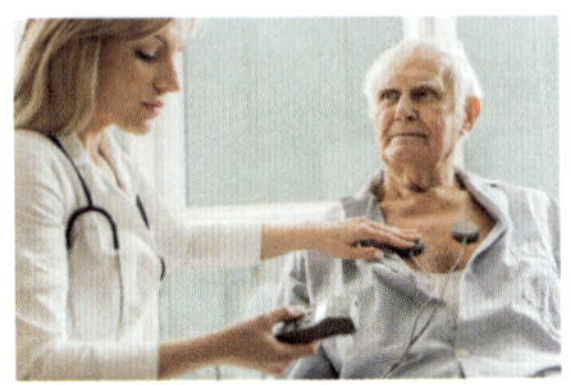

das **Ruhe-EKG** -s
resting ECG

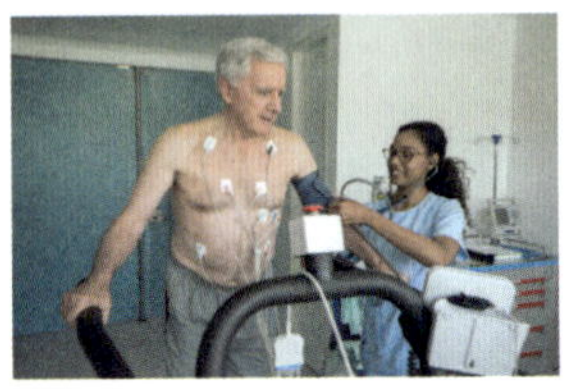

das **Belastungs-EKG** -s
stress ECG

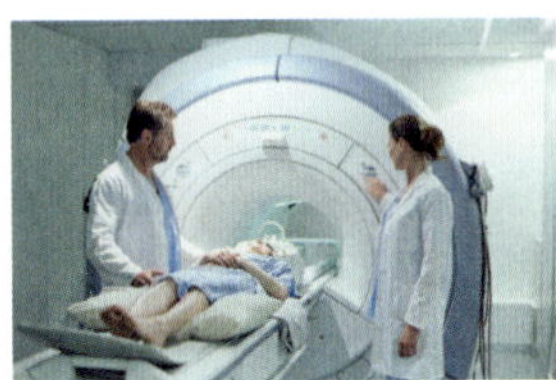

die **MRT** -s
MRI

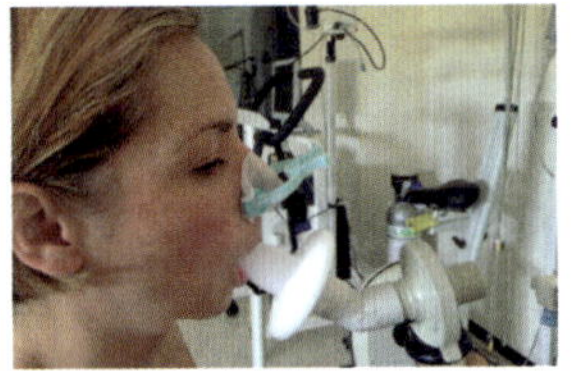

der **Atemtest** -s
breath test

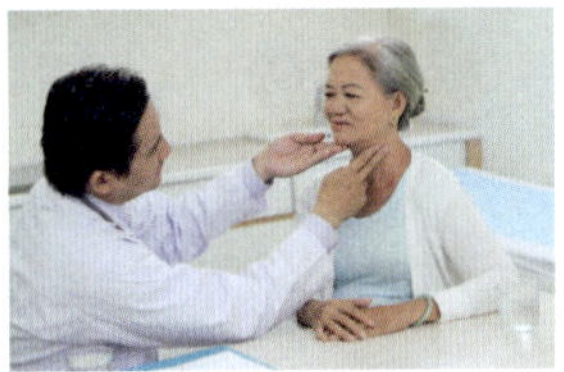

das **Abtasten** kein Pl
scanning

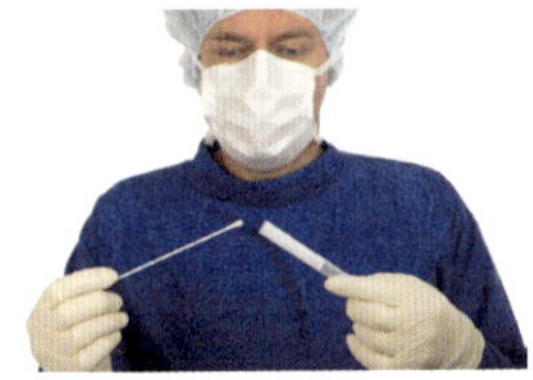

der **Abstrich** -e
smear sample

die **Untersuchung** -en	examination	
die **Vorsorgeuntersuchung** -en	(precautionary) check-up	
die **Sonographie** -n	ultrasound examination	
das **EKG** -s	ECG	
die **Stuhluntersuchung** -en	faecal examination	
die **Blutuntersuchung** -en	blood test	
die **Urinprobe** -n	urine sample	
die **Krebsvorsorge** -n	cancer screening (test)	

DIE WICHTIGSTEN SÄTZE – ESSENTIAL PHRASES

Mit diesen nützlichen Wörtern und Sätzen drücken Sie sich in den wichtigsten und häufigsten Situationen sicher aus.

IM GESPRÄCH – IN CONVERSATION

UNTERSUCHUNGEN BEIM ARZT – PHYSICAL EXAMINATIONS AT THE DOCTOR'S

das ***Hautkrebs-Screening*** -en	skin cancer screening	
die ***Darmspiegelung/ Koloskopie*** -en/-n	colonoscopy	
die ***Lungenfunktionsprüfung*** -en	pulmonary function test	
die ***Untersuchung für/auf/zu ...*** -en	test for ...	
Frau Müller, wir müssen heute beim Gastrologen eine Darmspiegelung machen.	Ms Müller, we need to go to the gastrologist today for a colonoscopy.	
Sie bekommen heute eine Untersuchung.	The doctor will examine you today.	
Wir machen heute eine Untersuchung für/auf Asthma.	You'll be given an asthma test today.	
Der Arzt muss heute einen Abstrich machen.	The doctor has to take a smear today	
Sie müssen eine Urinprobe abgeben. Hier ist der Plastikbecher.	You must hand in a urine sample. Here's the plastic beaker.	

LEISTUNGEN BEIM ARZT - MEDICAL SERVICES AT THE DOCTOR'S

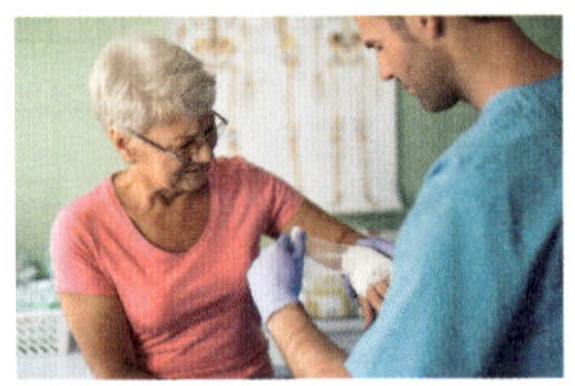

die ***Wundversorgung*** -en
wound management

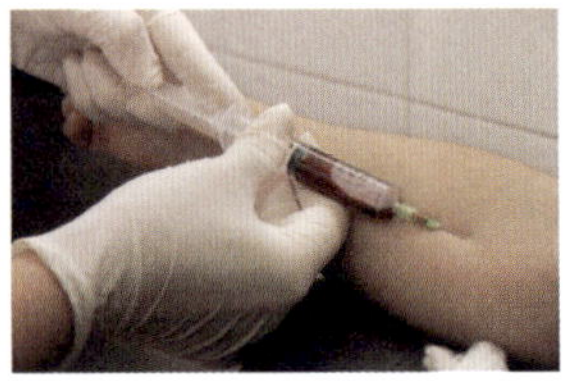

die ***Blutentnahme*** -n
venipuncture

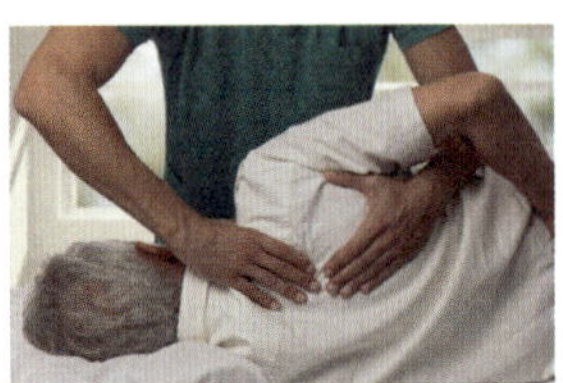

die ***Physiotherapie*** -n
physiotherapy

die **Allergie-Hyposensibilisierung** -en	allergen immunotherapy	
die **Wärmetherapie** -n	thermotherapy	
die **Privatversicherung** -en	private health insurance	
der **Privatpatient** -en	patient with private health insurance	
der **Kassenpatient** -en	patient with statutory health insurance	
die **Krankengymnastik** -en	physical therapy	
die **Inhalation** -en	inhalation	

INTENSIVPFLEGE – INTENSIVE CARE

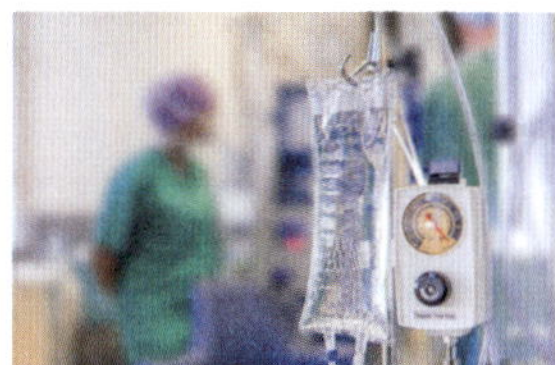

die ***Infusion*** **–en**
infusion

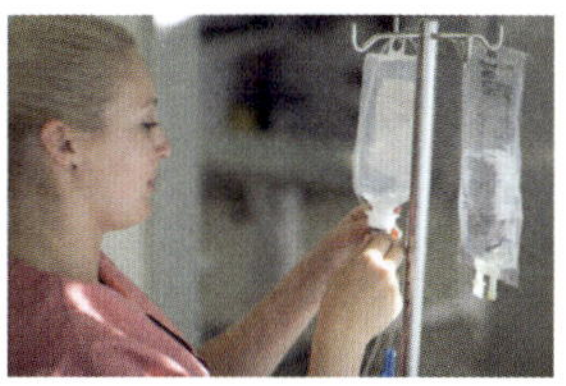

Infusion richten
to prepare and administer an infusion

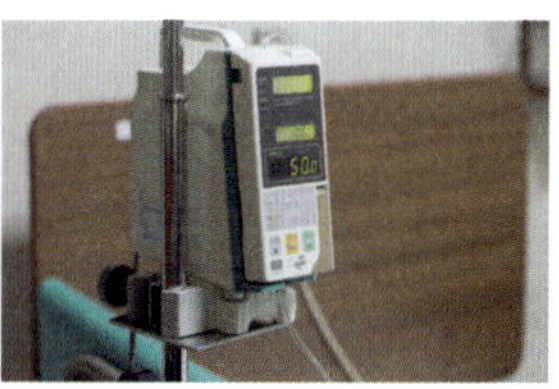

die **Infusionspumpe** ***(Infusomat)*** **–n**
infusion pump

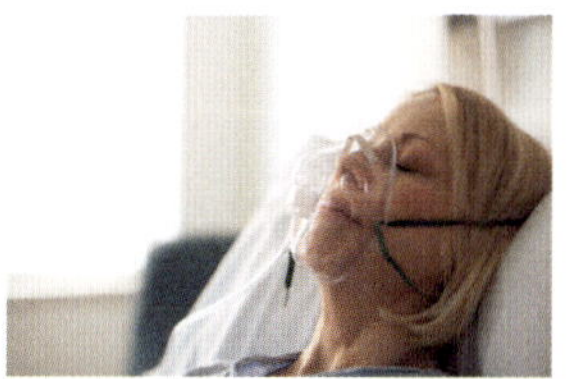

die ***Sauerstoffmaske*** **–e**
oxygen mask

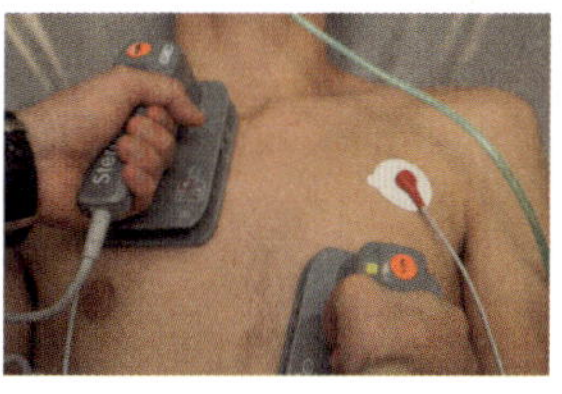

der ***Defibrillator*** **–en**
defibrillator

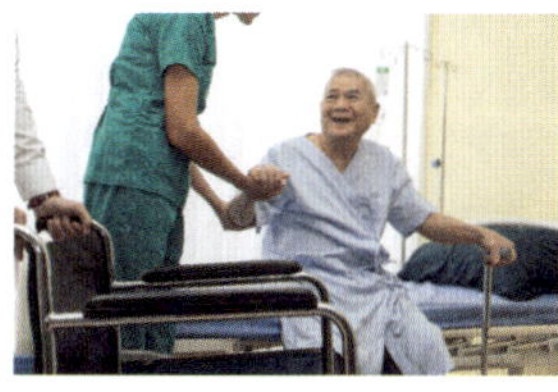

das ***OP-Hemd*** **–en**
(hospital) gown

die **Infusionsspritzenpumpe (Perfusor) –n**	syringe driver	
die **Stomaanlage –n**	stoma	
das **Stoma –ta**	stoma	
der **Dauerkatheter –**	permanent catheter	
die **Ernährungssonde –n**	feeding tube	
der **Stoma-Patient –en**	stoma patient	
die **Netzunterhose –n**	stoma briefs	

MOBILISIERUNG – MOBILIZATION

die **Bewegungsübung** –en
exercise

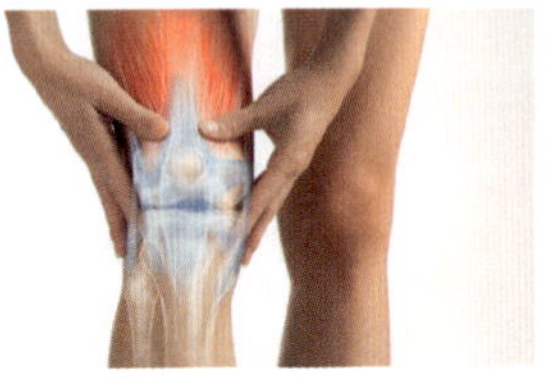

das **Kniegelenk** –e
knee

strecken
to stretch

etwas umfassen
to clasp something

Bein anspannen
to tense one's leg

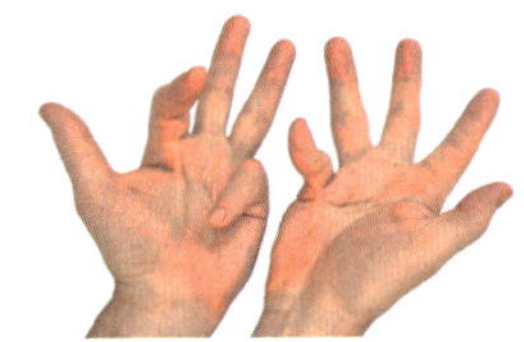

die **Kontraktur** –en
contracture

die **Muskelatrophie** –n	muscle atrophy	
die **Beine anheben**	to raise one's legs	
das **Becken heben**	to raise one's hips	
am Arm halten	to hold sb's arm	
sich zur Seite bewegen	to move to one side	
die **Beine absetzen**	to lower one's legs	

DIE WICHTIGSTEN SÄTZE – ESSENTIAL PHRASES

Mit diesen nützlichen Wörtern und Sätzen drücken Sie sich in den wichtigsten und häufigsten Situationen sicher aus.

IM GESPRÄCH – IN CONVERSATION

MOBILISIERUNG – MOBILIZATION

sich Richtung Bett-kante bewegen	to move towards the edge of the bed	
kleine Bewegungen machen	to make small movements	
sich auf den Armen abstützen	to support oneself on one's arms	
Arme hochheben	to lift one's arms	
*die **Unterstützung vom Pfleger***	support from the caregiver	
einen Patienten beim Gehen führen	to assist a patient in walking	
sich abstützen	to support oneself	
*den **Kreislauf anregen***	to stimulate the circulation	

PFLEGEHILFSMITTEL – CARE AIDS

die ***Schere*** –n
scissors

die ***Verbandsschere*** –n
bandage scissors

die ***gerade Schere*** –n
straight scissors

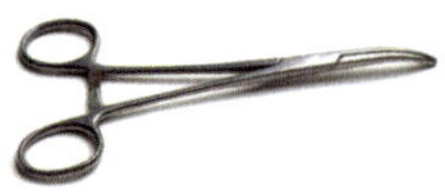

die ***gebogene Schere*** –n
bent scissors

die ***spitze Schere*** –n
pointed scissors

die ***abgewinkelte Schere*** –n
angled scissors

die ***Nierenschale*** –n	kidney dish	
das ***Steckbecken*** –n	bedpan	
die ***Urinschale*** –n	urine pan	
der ***Urinbeinbeutel*** –	leg drainage bag	
der ***Katheter*** –	catheter	
der ***Dauerkatheter*** –	permanent catheter	
die ***Urinflasche für Männer*** –n	urinal for men	

ZAHLEN UND MAẞE

NUMBERS AND MEASUREMENTS

DIE ZAHLEN – NUMBERS

null	zero	
eins	one	
zwei	two	
drei	three	
vier	four	
fünf	five	
sechs	six	
sieben	seven	
acht	eight	
neun	nine	
zehn	ten	
elf	eleven	
zwölf	twelve	
dreizehn	thirteen	
vierzehn	fourteen	
fünfzehn	fifteen	
sechzehn	sixteen	
siebzehn	seventeen	
achtzehn	eighteen	

neunzehn	nineteen	
zwanzig	twenty	
einundzwanzig	twenty-one	
zweiundzwanzig	twenty-two	
dreiundzwanzig	twenty-three	
dreißig	thirty	
vierzig	forty	
fünfzig	fifty	
sechzig	sixty	
siebzig	seventy	
achtzig	eighty	
neunzig	ninety	
hundert	a hundred	
zweihundertzweiund-zwanzig	two hundred and twenty-two	
tausend	a thousand	
zehntausend	ten thousand	
zwanzigtausend	twenty thousand	
fünfzigtausend	fifty thousand	
fünfundfünfzigtausend	fifty-five thousand	
hunderttausend	a hundred thousand	
eine Million *Millionen*	a million	
eine Milliarde *Milliarden*	a billion	
eine Billion *Billionen*	a trillion	

DIE UHRZEIT – THE TIME OF DAY

ein Uhr

one a.m.

zwei Uhr

two a.m.

drei Uhr

three a.m.

vier Uhr

four a.m.

fünf Uhr

five a.m.

sechs Uhr

six a.m.

sieben Uhr

seven a.m.

acht Uhr

eight a.m.

neun Uhr

nine a.m.

zehn Uhr
ten a.m.

elf Uhr
eleven a.m.

zwölf Uhr mittags
twelve noon

vierzehn Uhr
two p.m.

fünfzehn Uhr
three p.m.

sechzehn Uhr
four p.m.

die **Stunde -n**	hour	
die **Minute -n**	minute	
eine halbe Stunde	half an hour	
die **Sekunde -n**	second	
Wie viel Uhr ist es?	What's the time, please?	
Es ist zwei Uhr.	It's two o'clock.	
Um wie viel Uhr?	At what time?	
Um sieben Uhr.	At seven o'clock.	
dreizehn Uhr	one p.m.	

siebzehn Uhr
five p.m.

achtzehn Uhr
six p.m.

neunzehn Uhr
seven p.m.

zwanzig Uhr
eight p.m.

einundzwanzig Uhr
nine p.m.

zweiundzwanzig Uhr
ten p.m.

dreiundzwanzig Uhr
eleven p.m.

Mitternacht
midnight

fünf nach zwölf
five past twelve

TAG UND NACHT – DAY AND NIGHT

die ***Mitternacht*** kein Pl
midnight

....

die ***Dämmerung*** –en
dawn

....

der ***Morgen*** –
morning

....

der ***Mittag*** –e
midday

....

der ***Abend*** –e
evening

....

der ***Frühling*** –e
spring

....

der ***Sommer*** –
summer

....

der ***Herbst*** –e
autumn

....

der ***Winter*** –
winter

....

der **Nachmittag** –e
afternoon

der **Sonnenuntergang** –untergänge
sunset

die **Abenddämmerung** –en
dusk

der **Sonnenaufgang** –aufgänge	sunrise	
heute	today	
morgen	tomorrow	
übermorgen	the day after tomorrow	
gestern	yesterday	
vorgestern	the day before yesterday	
Welches Datum haben wir heute?	What's today's date?	
der 9. September 2024	9th September 2024	
der **Feiertag** –e	public holiday	
Wann?	When?	
Vor/in zehn Minuten.	Ten minutes ago./In ten minutes.	
Gegen Mittag.	Around noon.	
Seit wann?	Since when?	
Seit gestern.	Since yesterday.	
Viertel nach neun	quarter past nine	

DER KALENDER – THE CALENDAR

der ***Monat*** –e
month

der ***Montag*** –e
Monday

der ***Dienstag*** –e
Tuesday

der ***Mittwoch*** –e
Wednesday

das ***Jahr*** –e
year

der ***Freitag*** –e
Friday

der ***Samstag*** –e
Saturday

der ***Donnerstag*** –e
Thursday

die ***Woche*** –n
week

der ***Tag*** –e
day

der ***Sonntag*** –e
Sunday

das ***Wochenende*** –n
weekend

das ***Datum*** Daten
date

der ***Wochentag*** –e
weekday

der **Januar** kein Pl	January	
der **Februar** kein Pl	February	
der **März** kein Pl	March	
der **April** kein Pl	April	
der **Mai** kein Pl	May	
der **Juni** kein Pl	June	
der **Juli** kein Pl	July	
der **August** kein Pl	August	
der **September** kein Pl	September	
der **Oktober** kein Pl	October	
der **November** kein Pl	November	
der **Dezember** kein Pl	December	

INDEX

Deutsch
Englisch

INDEX DEUTSCH

A

B

T

INDEX ENGLISCH

A

B

C

D

X

Y

Z

BILDNACHWEIS

[1] – Fotolia
[2] – Shutterstock

1.1 [2]/(Photographee.eu), New York; **6.1, 176.2** [1]/(Kzenon), New York; **6.2, 179.2** [1]/(AILA_IMAGES), New York; **7.1, 156.1** [1]/(Monkey Business), New York; **10.1** Getty Images (stevecoleimages), München; **11.1** Getty Images (t_kimura), München; **11.2** [2]/(Andrey_Popov), New York; **11.3** Getty Images (ilkercelik), München; **11.4** [2]/(thodonal88), New York; **11.5** Getty Images (spxChrome), München; **11.6** Getty Images (Compassionate Eye Foundation), München; **16.2, 16.9** [1]/(Christian Pedant), New York; **16.6** [1]/(Alliance), New York; **16.7** [1]/(byheaven), New York; **17.1** [1]/(Elena Petrova), New York; **17.3** [1]/(Tomas Sereda), New York; **17.4** Thinkstock (Fuse), München; **17.5** [1]/(momanuma), New York; **17.8** [1]/(Miredi), New York; **17.9** Getty Images (dennisvdw), München; **20.1** [2]/(LightField Studios), New York; **20.2** [2]/(Pressmaster), New York; **20.3, 23.4** Getty Images (Terry Vine), München; **20.4, 38.2, 66.5** [2]/(AFPics), New York; **20.5** Getty Images (Vesna Andjic), München; **20.6** Getty Images (Ariel Skelley), München; **20.7** Getty Images (FG Trade), München; **20.8** Getty Images (kali9), München; **20.9** [2]/(Robert Kneschke), New York; **21.1** [2]/(Rawpixel.com), New York; **21.3, 22.5** [2]/(sasirin pamai), New York; **21.4, 22.1** Getty Images (JodiJacobson), München; **21.5, 22.2** Getty Images (FredFroese), München; **21.8** [2]/(Photographee.eu), New York; **22.2** Getty Images (juefraphoto), München; **22.3** Getty Images (Morsa Images), München; **22.6** Getty Images (Wicki58), München; **22.7** [2]/(goodluz), New York; **22.9** Getty Images (Image Source), München; **23.6, 36.1** Getty Images (Flying Colours Ltd), München; **26.1** [2]/(nd3000), New York; **26.2** Getty Images (Luis Alvarez), München; **26.3** Getty Images (Spauln), München; **26.4** Getty Images (Andersen Ross), München; **26.5** Getty Images (Image Source), München; **26.6** Getty Images (SeventyFour), München; **26.7** [2]/(Monkey Business Images), New York; **26.8** Getty Images (john shepherd), München; **26.9** Getty Images (mixetto), München; **27.1, 32.5** [2]/(Robert Kneschke), New York; **27.2, 33.4** Getty Images (andresr), München; **27.3** [2]/(shurkin_son), New York; **32.1** Getty Images (Cecilie_Arcurs), München; **32.2** Getty Images (jgroup), München; **32.3** Getty Images (andresr), München; **32.4** Getty Images (Morsa Images), München; **32.6** Getty Images (ER Productions Limited), München; **33.1** Getty Images (Dean Mitchell), München; **33.2** Getty Images (Dean Mitchell), München; **33.3** Getty Images (andresr), München; **33.5** Getty Images (FredFroese), München; **33.6** Getty Images (jeangill), München; **34.1** Getty Images (Maica), München; **34.2** Getty Images (PeopleImages), München; **34.3** Getty Images (Jochen Sand), München; **36.2, 202.1** Getty Images (CasarsaGuru), München; **36.3** [2]/(ASDF_MEDIA), New York; **38.1** Getty Images (Morsa Images), München; **38.3** Getty Images (Squaredpixels), München; **38.4** Getty Images (kupicoo), München; **38.5** Getty Images (SINGTO2), München; **38.6** Getty Images (fstop123), München; **40.1** [1]/(Brilliant Eagle), New York; **40.2** [1]/(Iriana Shiyan), New York; **40.3** [1]/(terex), New York; **40.4** [1]/(Sashkin), New York; **40.5** [1]/(pyzata), New York; **40.6** [1]/(Thomas Aumann), New York; **40.7** [1]/(Maksym Yemelyanov), New York; **40.8** [1]/(typomaniac), New York; **40.12** [2]/(Andrey_Popov), New York; **41.1** [1]/(Magda Fischer), New York; **42.1** [1]/(Kasia Bialasiewicz), New York; **42.2, 93.4** Getty Images (wepix), München; **42.3** [1]/(bennnn), New York; **43.1** [2]/(LarisaL), New York; **43.2** [2]/(Palii Oleg), New York; **43.3** [1]/(Gerhard Brée), New York; **43.4** Getty Images (kontur-vid), München; **43.5, 157.1** Thinkstock (prill), München; **43.6** [2]/(Tyler Olson), New York; **44.1** [1]/(Iriana Shiyan), New York; **45.1** [1]/(Aleksandar Jocic), New York; **45.2** [1]/(yevgenromanenko), New York; **45.3** [1]/(Aleksandr Ugorenkov), New York; **45.4** [1]/(luchshen), New York; **45.5** [1]/(sokrub), New York; **45.6** [1]/(okinawakasawa), New York; **45.7** [1]/(Delphimages), New York; **45.8** [1]/(arteferretto), New York; **45.9** [1]/(Chris Brignell), New York; **46.1** [1]/(pics721), New York; **47.1** [1]/(stock_for_free), New York; **48.1** [1]/(mrgarry), New York; **48.2** Thinkstock (Vitaliy Pakhnyushchyy), München; **48.3** [1]/(Alexander Morozov), New York; **48.4** [2]/(Ruslan Lytvyn), New York; **48.5** [1]/(kornienko), New York; **48.6** [1]/(Klaus Eppele), New York; **49.1** [1]/(Sergii Moscaliuk), New York; **49.2** [1]/(okinawakasawa), New York; **49.3** [1]/(Alexander Morozov), New York; **49.4** [1]/(venusangel), New York; **49.5** Getty Images (YuanruLi), München; **49.6** [1]/(sutsaiy), New York; **49.7** [1]/(manipulateur), New York; **49.8** [1]/(Denis Gladkiy), New York; **49.9** [2]/(Birgit Reitz-Hofmann), New York; **50.1** [1]/(Denisa V), New York; **50.2** [1]/(jonnysek), New York; **50.3** [1]/(Kitch Bain), New York; **50.4** [1]/(pholien), New York; **50.5** [1]/(Alona Dudaieva), New York; **50.6** [1]/(M.R. Swadzba), New York; **50.7** iStockphoto (stargatechris), Calgary, Alberta; **50.8** [1]/(bennyartist), New York; **50.9** [1]/(Nikola Bilic), New York; **51.1** [1]/(Igor Syrbu), New York; **51.2** [1]/(Piotr Pawinski), New York; **51.3, 53.9** [1]/(cretolamna), New York; **51.4** [1]/(Harald Biebel), New York; **51.5** [1]/(M.R. Swadzba), New York; **51.6** [1]/(IrisArt), New York; **52.1** [1]/(Diana Taliun), New York; **52.2** [1]/(cretolamna), New York; **52.3** [1]/(M S), New York; **52.4** [1]/(nito), New York; **52.5** [1]/(Bombaert Patrick), New York; **52.6** [1]/(cretolamna), New York; **53.1** [1]/(Sunshine Pics), New York; **53.2** [1]/(VRD), New York; **53.3** [1]/(petrsalinger), New York; **53.4** [1]/(cretolamna), New York; **53.5** [1]/(gavran333), New York; **53.6** [1]/(Uwe Landgraf), New York; **53.7** [1]/(Schwoab), New York; **53.8** [1]/(cretolamna), New York; **53.9** [2]/(Ragnarock), New York; **54.1** [1]/(Stefan Balk), New York; **54.2** [1]/(karandaev), New York; **54.3** [1]/(Lucky Dragon), New York; **54.4** [1]/(picsfive), New York; **54.5** [2]/(Volosovich Igor), New York; **54.6** [2]/(Kaiskynet Studio), New York; **55.1** Getty Images (Perry Mastrovito), München; **55.5** [1]/(jlcst), New York; **56.1** [2]/(kung_tom), New York; **56.2** [1]/(Creatix), New York; **56.2** Getty Images (Jose Luis Pelaez Inc), München; **56.3** Getty Images (Vicheslav), München; **56.4** [2]/(Anna Mente), New York; **56.5** [2]/(bjphotographs), New York; **56.6** [2]/(Bohbeh), New York; **56.7** [2]/(SuperStock 2018), New York; **56.8** [2]/(Standard store88), New York; **56.9** [2]/(Kitch Bain), New York; **57.1** [2]/(Barvista), New York; **58.1** Getty Images (Muralinath), München; **58.2** Getty Images (Comstock Images), München; **58.3** Getty Images (17rst), München; **58.4** Getty Images (venusphoto), München; **58.5** [2]/(Valadzionak Volha), New York; **58.6** [2]/(Olga Popova), New York; **61.1** [2]/(upixa), New York; **61.7** [1]/(Dmytro Akulov), New York; **61.9** [2]/(Kovalchuk Oleksandr), New York; **62.1** [1]/(Africa Studio), New York; **62.2** [1]/(gradt), New York; **62.2** [1]/(Tiler84), New York; **62.3** [1]/(NilsZ), New York; **62.4** [1]/(Coprid), New York; **63.1** [1]/(ILYA AKINSHIN), New York; **63.2** [1]/(Lusoimages), New York; **63.3** Getty Images (Digender), München; **63.4** [2]/(SERGEI PRIMAKOV), New York; **63.5** [1]/(Foto-Ruhrgebiet), New York; **63.7** [1]/(picsfive), New York; **63.8** [1]/(ibphoto), New York; **63.9** [1]/(Jackin), New York; **65.1** Getty Images (magical_light), München; **65.2** Getty Images (AlexRaths), München; **65.3** Getty Images (JoKMedia), München; **65.4** Getty Images (aristotoo), München; **65.5** [2]/(andriano.cz), New York; **65.6** Getty Images (Photoevent), München; **66.1** [2]/(Roman Yastrebinsky), New York; **66.2** [2]/(Khvost), New York; **66.3** [2]/(wavebreakmedia), New York;

66.4 Getty Images (stevecoleimages), München; **66.6** [2]/(Robert Kneschke), New York; **67.1** Getty Images (shank_ali), München; **67.2** Getty Images (kerpetenlui), München; **67.3** [2]/(nancy dressel), New York; **68.1** Getty Images (domin_domin), München; **69.1** [1]/(terex), New York; **69.1** Getty Images (terex), München; **69.2** [1]/(bpstocks), New York; **69.3** Getty Images (Cipariss), München; **69.4** Getty Images (Floortje), München; **69.5** Getty Images (Image Source), München; **69.6** Getty Images (mheim3011), München; **70.1** Getty Images (CasarsaGuru), München; **70.2** [2]/(JPC-PROD), New York; **70.3** [2]/(tetiana_u), New York; **71.1** [1]/(Sashkin), New York; **72.1** [1]/(Andreja Donko), New York; **72.2** Getty Images (artisteer), München; **72.3** [1]/(Ljupco Smokovski), New York; **73.1** [1]/(Okea), New York; **74.1** [1]/(Nomad_Soul), New York; **74.2** [2]/(Olga Popova), New York; **74.3** [1]/(twister025), New York; **74.4** [1]/(egorovvasily), New York; **74.5** [1]/(womue), New York; **74.6** Thinkstock (kilukilu), München; **74.7** Thinkstock (epantha), München; **74.8** [1]/(by-studio), New York; **74.9** [2]/(flight of imagination), New York; **76.1** [1]/(kab), New York; **77.1** [2]/(valeriy555), New York; **77.2** [1]/(Sergejs Rahunoks), New York; **77.3** [1]/(Corinna Gisseman), New York; **77.4** [2]/(victoriaKh), New York; **77.5** [1]/(angorius), New York; **77.6** [1]/(Viktor), New York; **77.7** [2]/(New Africa), New York; **77.8** [2]/(Gita Kulinitch Studio), New York; **77.9** [2]/(Kinnari1231), New York; **78.1** Dreamstime.com (Margouillat), Brentwood, TN; **78.2** [1]/(Viktor), New York; **78.3** [1]/(Kesu), New York; **78.4** [1]/(Peredniankina), New York; **78.5** [1]/(Inga Nielsen), New York; **78.6** [1]/(dusk), New York; **78.7** [2]/(Pixel-Shot), New York; **78.8** [2]/(GSDesign), New York; **78.9** [2]/(Lizaveta-ta), New York; **79.1** [1]/(Jack Jelly), New York; **79.2** Dreamstime.com (Tomislav Pinter), Brentwood, TN; **79.3** [1]/(Jacek Chabraszewski), New York; **79.4** [1]/(ExQuisine), New York; **79.5** [1]/(aktifreklam), New York; **79.6** [1]/(zhekos), New York; **79.7** [1]/(Jess Yu), New York; **79.8** [1]/(illustrez), New York; **79.9** [1]/(Andrea Wilhelm), New York; **80.1** [2]/(Ryzhkov Photography), New York; **81.1** [2]/(Africa Studio), New York; **85.1** [2]/(Miriam Doerr Martin Frommherz), New York; **85.2** Getty Images (Obencem), München; **85.3** Getty Images (Maica), München; **85.4** Getty Images (Stockbyte), München; **85.5** Getty Images (kmatija), München; **85.6** [2]/(Lisa S.), New York; **89.1** [2]/(Natalie Board), New York; **89.2** Getty Images (moodboard), München; **89.3** Getty Images (Tetra Images), München; **92.1** [2]/(ALPA PROD), New York; **92.2** [2]/(Syda Productions), New York; **92.3** [2]/(Pormezz), New York; **92.4** [2]/(Robert Kneschke), New York; **92.5** [2]/(Kzenon), New York; **92.6** [2]/(LightField Studios), New York; **93.1** [2]/(Toa55), New York; **93.2** [2]/(Mikhail Gnatkovskiy), New York; **93.3** [2]/(NosorogUA), New York; **93.5** [2]/(cunaplus), New York; **93.6** Getty Images (Jacobs Stock Photography Ltd), München; **93.7** [2]/(Sketchphoto), New York; **93.8** [2]/(wavebreakmedia), New York; **93.9** [2]/(Toa55), New York; **96.1** [1]/(ashka2000), New York; **96.2** [1]/(womue), New York; **96.3** [1]/(EM Art), New York; **96.4** [1]/(ExQuisine), New York; **96.5** [1]/(photocrew), New York; **96.6** [1]/(jeehyun), New York; **96.7** [1]/(reineg), New York; **96.8** [1]/(reineg), New York; **96.9** [1]/(reineg), New York; **102.1** [2]/(Toa55), New York; **102.2** [2]/(Ocskay Mark), New York; **102.2** [1]/(Vitaly Korovin), New York; **102.3** [2]/(Kzenon), New York; **102.3** [1]/(Coprid), New York; **102.4** [2]/(Alexander Raths), New York; **102.4** [1]/(Schlierner), New York; **102.5** [2]/(VGstockstudio), New York; **102.5** [1]/(Fotofermer), New York; **102.6** [2]/(Pormezz), New York; **103.8** [1]/(reineg), New York; **103.10** [1]/(sjhuls), New York; **105.1** [2]/(Alhim), New York; **105.2** [2]/(Who is Danny), New York; **105.3** Getty Images (fcafotodigital), München; **105.4** [2]/(OlesyaSH), New York; **105.5** [2]/(Zerbor), New York; **105.6** [2]/(Africa Studio), New York; **105.7** Getty Images (pepifoto), München; **105.8** [2]/(Duda Vasilii), New York; **105.9** [2]/(Maxx-Studio), New York; **106.1** [2]/(Sarah2), New York; **106.2** Getty Images (snyferok), München; **106.3** [2]/(Nattapon B), New York; **106.4** Getty Images (hedgehog94), München; **106.5** Getty Images (dbvirago), München; **106.6** Getty Images (Merrimon), München; **108.1** Getty Images (domoyega), München; **108.2** Getty Images (Martin Poole), München; **108.3** Getty Images (4FR), München; **108.4** Getty Images (CasarsaGuru), München; **108.5** Getty Images (oonal), München; **108.6** Getty Images (vladans), München; **110.1** [2]/(Rawpixel.com), New York; **110.2** [2]/(pen kanya), New York; **110.3** [2]/(Anastasia Pelikh), New York; **110.4** Getty Images (SDI Productions), München; **110.5** Getty Images (Thinkstock Images), München; **110.6** [2]/(bjphotographs), New York; **113.1** Getty Images (MattStauss), München; **113.2** [2]/(KaliAntye), New York; **113.3** [2]/(Peeraphat), New York; **113.4** Getty Images (Sergiy1975), München; **113.5** Getty Images (artas), München; **113.6** Getty Images (LisaInGlasses), München; **114.1** Getty Images (Firn), München; **114.2** Getty Images (Detailfoto), München; **114.3** Getty Images (JohnGollop), München; **114.4** Getty Images (ollo), München; **114.5** [2]/(Alohaflaminggo), New York; **114.6** Getty Images (kzenon), München; **116.1** [2]/(Svetography), New York; **116.2** Getty Images (101cats), München; **116.3** [2]/(gillmar), New York; **116.4** [2]/(FabrikaSimf), New York; **116.5** [2]/(Sbolotova), New York; **116.6** [2]/(andregric), New York; **116.7** [2]/(YamabikaY), New York; **116.8** [2]/(Fulop Zsolt), New York; **116.9** Getty Images (RichLegg), München; **117.1** Getty Images (Lightstar59), München; **117.2** Getty Images (Kameleon007), München; **117.3** Getty Images (cynoclub), München; **117.4** Getty Images (jclegg), München; **117.5** Getty Images (jclegg), München; **117.6** Getty Images (yellowsarah), München; **117.7** [2]/(ingret), New York; **117.8** Getty Images (IngaNielsen), München; **117.9** Getty Images (Konstantin-Gushcha), München; **118.1** [2]/(Isuhi), New York; **118.2** Getty Images (fontgraf), München; **118.3** [2]/(Ugorenkov Aleksandr), New York; **118.4** Getty Images (Asurobson), München; **118.5** Getty Images (edelmar), München; **118.6** Getty Images (Astrid860), München; **118.7** [2]/(Jareerat), New York; **118.8** Getty Images (jclegg), München; **118.9** [2]/(Elizabeth A.Cummings), New York; **120.1** [2]/(imstock), New York; **120.2** [2]/(richardnazaretyan), New York; **120.3** [2]/(Jurga Jot), New York; **120.4** [2]/(sanddebeautheil), New York; **120.5** [2]/(smart vision Baku), New York; **120.6** [2]/(motorolka), New York; **121.1** Getty Images (Wavebreakmedia Ltd), München; **121.2** [2]/(igorstevanovic), New York; **121.3** [2]/(r.classen), New York; **121.4** [2]/(wernerimages 2018), New York; **121.5** [2]/(sbw18), New York; **121.6** [2]/(Kuttelvaserova Stuchelova), New York; **123.1** [2]/(wavebreakmedia), New York; **123.2** [2]/(adriaticfoto), New York; **123.3** [2]/(Steven Collins), New York; **123.4** [2]/(Artlusy), New York; **123.5** [2]/(Syda Productions), New York; **123.6** [2]/(HelloRF Zcool), New York; **125.1** [2]/(FotoDuets), New York; **125.2** Getty Images (Tomasz Majchrowicz), München; **125.3** Getty Images (penkanya), München; **125.4** [2]/(Room98), New York; **125.5** Getty Images (Difydave), München; **125.6** [2]/(Tolikoff Photography), New York; **126.1** [1]/(ashumskiy), New York; **133.1** Getty Images (compuinfoto), München; **133.2** Getty Images (sharply_done), München; **133.3** [2]/(Paul Maguire), New York; **133.4** Getty Images (Southern Stock), München; **133.5** [2]/(Diego Cervo), New York; **133.6** Getty Images (Massonstock), München; **134.1** Getty Images (nedomacki), München; **134.2** Getty Images (Claudiad), München; **134.3** Getty Images (Steve Debenport), München; **134.4** Getty Images (ti-ja), München; **134.5** Getty Images (photohomepage), München; **134.6** [2]/(Reynaldo Graca Lopes), New York; **135.1** [2]/(LaineN), New York; **135.2** Thinkstock (Fuse), München; **135.3** [2]/(Fer Gregory), New York; **135.4** Getty Images (kali9), München; **135.5** [1]/(Felix Mizioznikov), New York; **135.6** [2]/(Ruslan Lytvyn), New York; **138.1** [1]/(CLIPAREA.com), New York; **139.1** [1]/(CLIPAREA.com), New York; **140.1** [1]/(CLIPAREA.com), New York; **141.1** [1]/(CLIPAREA.com), New York; **142.1**

Thinkstock (Zoonar), München; **143.1** Thinkstock (Hemera), München; **144.1** [1]/(turhanerbas), New York; **145.1** [1]/(adimas), New York; **146** [1]/(Katrina Brown), New York; **146.1** [1]/(adimas), New York; **147.1** [1]/(pixelcaos), New York; **148.1** [1]/(mrgarry), New York; **149.1** [1]/(3drenderings), New York; **149.2** [1]/(3drenderings), New York; **150.1** [1]/(pixelcaos), New York; **151.1** [1]/(pixelcaos), New York; **152.1; 210.3** Getty Images (fstop123), München; **153.1** [2]/(Henrik Dolle), New York; **153.2** Getty Images (andresr), München; **153.3** [2]/(Sherry Yates Young), New York; **153.4** [2]/(Younes Stiller Kraske), New York; **153.5** Getty Images (fotografixx), München; **153.6** [1]/(ISO K° - photography), New York; **155.1** [1]/(Creativa), New York; **155.2** [1]/(Sashkin), New York; **155.3** [1]/(Africa Studio), New York; **155.4** [1]/(fhmedien_de), New York; **157.1** [2]/(Africa Studio), New York; **157.2** Getty Images (Johnce), München; **157.3** Getty Images (Cecilie_Arcurs), München; **157.4** Getty Images (deeepblue), München; **157.5** Getty Images (Ocskaymark), München; **157.6** Getty Images (Ocskaymark), München; **157.7** Getty Images (Jevtic), München; **157.8** Getty Images (deeepblue), München; **157.9** Getty Images (RyanKing999), München; **158.1** [1]/(dalaprod), New York; **158.2** [1]/(drubig-photo), New York; **158.3** [1]/(drubig-photo), New York; **158.4** [1]/(vladimirfloyd), New York; **158.5** [1]/(Kurhan), New York; **158.6** [2]/(Dan Kosmayer), New York; **159.1** [1]/(Creativa), New York; **159.2** [1]/(underdogstudios), New York; **159.3** [1]/(Dmitry Lobanov), New York; **159.4** [1]/(rangizzz), New York; **159.5** [1]/(Dan Race), New York; **159.6** [1]/(Eisenhans), New York; **160.1** [1]/(smikeymikey1), New York; **162.1** [1]/(Guido Grochowski), New York; **162.2** [1]/(Dmitry Vereshchagin), New York; **162.3** [1]/(HBK), New York; **162.5** [1]/(treetstreet), New York; **162.5** [1]/(Peter Atkins), New York; **162.6** [1]/(Bandika), New York; **163.1** [1]/(ksena32), New York; **163.2** [1]/(Igor Mojzes), New York; **163.3** [1]/(st-fotograf), New York; **163.4** [1]/(Vidady), New York; **163.5** [1]/(Maridav), New York; **163.6** Thinkstock (jcwait), München; **163.7** Thinkstock (billyfoto), München; **163.8** [1]/(Kondor83), New York; **163.9** [1]/(Gelpi), New York; **164.1** [1]/(CandyBox Images), New York; **165.1** [1]/(alswart), New York; **166.1** [1]/(Alexandr Mitiuc), New York; **166.1** [1]/(Rade Lukovic), New York; **166.2** [1]/(blende40), New York; **166.3** [1]/(Kurhan), New York; **166.4** [1]/(Jessmine), New York; **166.5** [1]/(contrastwerkstatt), New York; **166.6** [2]/(sujit kantakat), New York; **172.1** [2]/(Monkey Business Images), New York; **172.2** Getty Images (Morsa Images), München; **172.3** Getty Images (Morsa Images), München; **172.4** Getty Images (alvarez), München; **172.5** Getty Images (skynesher), München; **172.6** Getty Images (utah778), München; **174.1** [1]/(ep stock), New York; **175.1** [2]/(urfin), New York; **175.2** Getty Images (cruphoto), München; **175.3** [1]/(ksl), New York; **176.1** [1]/(Gennadiy Poznyakov), New York; **177.1** [1]/(Tobilander), New York; **177.2** [1]/(malajscy), New York; **177.3** [1]/(starman963), New York; **177.4** [1]/(Jim Vallee), New York; **178.1** [1]/(Robert Kneschke), New York; **178.2** [1]/(Dmitry Vereshchagin), New York; **178.3** [1]/(itsmejust), New York; **178.4** [1]/(Tyler Olson), New York; **178.4** [1]/(Robert Kneschke), New York; **178.5** [1]/(WONG SZE FEI), New York; **178.6** [1]/(danutelu), New York; **179.1** [1]/(Minerva Studio), New York; **179.3** [1]/(michaeljung), New York; **179.4** Getty Images (Jan-Otto), München; **179.5** [2]/(Image Point Fr), New York; **179.6** [2]/(Olena Yakobchuk), New York; **180.1** [1]/(Adam Gregor), New York; **180.3** [1]/(Kzenon), New York; **180.4** [1]/(Tyler Olson), New York; **180.5** [1]/(Valentina R.), New York; **180.6** [1]/(ontrastwerkstatt), New York; **182.1** [1]/(CandyBox Images), New York; **183.1** [1]/(Roman Milert), New York; **183.2** [1]/(Volker Witt), New York; **183.3** [1]/(AK), New York; **183.4** [1]/(Dario Lo Presti), New York; **183.5** Getty Images (Kathrin Ziegler), München; **183.6** [2]/(Kzenon), New York; **184.1** [1]/(Michael Schütze), New York; **185.1** [1]/(brozova), New York; **185.2** [1]/(Rodja), New York; **185.3** Thinkstock (kreinick), München; **185.4** [1]/(cristi180884), New York; **185.5** [1]/(Lisa F. Young), New York; **185.6** [2]/(Pressmaster), New York; **186.1** [2]/(Todor Rusinov), New York; **186.2** [2]/(Monika Wisniewska), New York; **186.3** [2]/(BW Folsom), New York; **186.4** [2]/(Toa55), New York; **186.5** Getty Images (Branimir76), München; **186.6** Getty Images (danielzgombic), München; **186.7** Getty Images (EMS-FORSTER-PRODUCTIONS), München; **186.8** [2]/(HelloRF Zcool), New York; **186.9** Getty Images (icefront), München; **188.1** [1]/(Africa Studio), New York; **188.2** [1]/(Africa Studio), New York; **189.1** Getty Images (okskaz), München; **189.1** [1]/(contrastwerkstatt), New York; **189.2** Getty Images (Image Source), München; **189.2** [1]/(khuntapol), New York; **189.3** Getty Images (alvarez), München; **189.3** [1]/(Coprid), New York; **189.4** [2]/(Nezvanova), New York; **189.4** [1]/(Anatoly Repin), New York; **189.5** [1]/(adisa), New York; **189.5** Getty Images (Ulf Wittrock), München; **189.6** Getty Images (laflor), München; **189.6** [1]/(Borys Shevchuk), New York; **189.7** [1]/(Manuel Schä¦¥r), New York; **189.8** [1]/(Nataraj), New York; **189.9** [1]/(only4denn), New York; **193.1** Getty Images (PeopleImages), München; **193.2** Getty Images (DimaSobko), München; **193.3** Getty Images (Bill Diodato), München; **193.4** [2]/(Marina Lohrbach), New York; **193.5** [2]/(Tendo), New York; **193.6** Getty Images (usas), München; **198.1** Getty Images (kupicoo), München; **198.2** Getty Images (Ridofranz), München; **198.3** [2]/(Jaroslav Moravcik), New York; **198.4** Getty Images (YakobchukOlena), München; **198.5** Getty Images (Wavebreakmedia), München; **198.5** Getty Images (Thomas Northcut), München; **198.6** Getty Images (izusek), München; **199.1** Getty Images (nullplus), München; **199.2** Getty Images (chrisboy2004), München; **199.3** Getty Images (kbycphotography), München; **199.4** Getty Images (VisualCommunications), München; **199.5** [2]/(wavebreakmedia), New York; **199.6** Getty Images (Martin-Lang), München; **200.1** [2]/(BLACKDAY), New York; **200.2** [2]/(Dan Race), New York; **200.3** [2]/(Jacob Lund), New York; **200.4** Getty Images (yacobchuk), München; **200.5** Getty Images (yacobchuk), München; **200.6** Getty Images (SolStock), München; **200.7** [2]/(Poravute Siriphiroon), New York; **200.8** [2]/(Natalie Board), New York; **200.9** Getty Images (yacobchuk), München; **202.2** [2]/(Madhourse), New York; **202.3** Getty Images (EMS-FORSTER-PRODUCTIONS), München; **202.4** [2]/(Tyler Olson), New York; **202.6** Getty Images (Liudmyla Liudmyla), München; **204.1** Getty Images (Shintartanya), München; **204.2** [2]/(Madhourse), New York; **204.3** [2]/(sdecoret), New York; **204.4** [2]/(Bilanol), New York; **204.5** [2]/(BT-Suksan), New York; **204.6** Getty Images (Image Source), München; **204.7** [2]/(CLUSTERX), New York; **204.8** Getty Images (wachira aekwiraphong), München; **204.9** Getty Images (kmatija), München; **208.1** [2]/(Syda Productions), New York; **208.2** Getty Images (andresr), München; **208.3** [2]/(Dmytro Khlystun), New York; **208.4** [2]/(Proxima Studio), New York; **208.5** [2]/(JPC-PROD), New York; **208.6** Getty Images (Ben_Gingell), München; **208.7** [2]/(Humannet), New York; **208.8** [2]/(Tatyana Vyc), New York; **208.9** [2]/(KlaraBstock), New York; **210.1** [2]/(SOORACHET KHEAWHOM), New York; **210.2** Getty Images (jmsilva), München; **212.1** Getty Images (Doucefleur), München; **212.2** Getty Images (7activestudio), München; **212.3** Getty Images (Jan-Otto), München; **214.1** [2]/(Mladen Mitrinovic), New York; **214.2** Getty Images (Jan-Otto), München; **214.3** Getty Images (RuslanGuzov), München; **214.4** [2]/(Kiryl Lis), New York; **214.5** [2]/(michaelheim), New York; **214.6** [2]/(Blackroom), New York; **216.1** Getty Images (MonicaNinker), München; **216.2** [2]/(Robert Kneschke), New York; **216.3** [2]/(Robert Kneschke), New York; **218.1** Getty Images (skynesher), München; **218.2** Getty Images (andresr), München; **218.3** Getty Images (Morsa Images), München; **218.4** Getty Images (jgaunion), München; **218.5** [2]/(Dragon Images), New York; **218.6** Getty Images (thelinke), München; **220.1** Getty Images (gpointstudio), München; **220.2** Getty Images (Grafissimo), München; **220.3** ²/(Albina Glisic), New York; **221.1** Getty Images (Arctic-Images), München; **221.2** Getty Images (fotografixx), München; **221.3** ²/(Mizkit), New York; **221.4** Getty Images (ER Productions Limited), München; **221.5** Getty Images (muratseyit), München; **221.6** ²/(Phat1978), New York; **222.1** ²/(Robert Kneschke), New York; **222.2** ²/(BigBlueStudio), New York; **222.3** ²/(Andrey_Popov), New York; **222.4** ²/(Myibean), New York; **222.5** ²/(Prostock-studio), New York; **222.6** ²/(sokolenok), New York; **224.1** Getty Images (kyoshino), München; **224.2** Getty Images (ksena32), München; **224.3** Getty Images (Difydave), München; **224.4** Getty Images (MaZiKab), München; **224.5** Getty Images (MaZiKab), München; **224.6** Getty Images (Hemera Technologies), München; **228.1** ¹/(magann), New York; **228.2, 229.4** ¹/(magann), New York; **228.3, 229.5** ¹/(magann), New York; **228.4, 229.6** ¹/(magann), New York; **228.5, 230.1** ¹/(magann), New York; **228.6, 230.2** ¹/(magann), New York; **228.7, 230.3** ¹/(magann), New York; **228.8, 230.4** ¹/(magann), New York; **228.9, 230.5** ¹/(magann), New York; **229.1, 230.6** ¹/(magann), New York; **229.2, 230.7** ¹/(magann), New York; **229.3, 230.8** ¹/(magann), New York; **230.9** ¹/(vvoe), New York; **231.1** ¹/(tomreichner), New York; **231.2** ¹/(Marco2811), New York; **231.3** ¹/(in-foto-backgrounds), New York; **231.4** ¹/(Reicher), New York; **231.5** ¹/(Beboy), New York; **231.6** ¹/(Dmytro Smaglov), New York; **231.7** ¹/(Anton Gvozdikov), New York; **231.8** ¹/(sborisov), New York; **231.9** ¹/(Netzer Johannes), New York; **232.1** ¹/(ARochau), New York; **232.2** ¹/(Yahya Idiz), New York; **232.3** ¹/(motorradcbr), New York; **233.1** ²/(Ilin Sergey), New York

PONS

Bildwörterbuch
Deutsch für Pflegekräfte

Neubearbeitung auf Basis des PONS Bildwörterbuch Deutsch für Pflegekräfte, ISBN: 978-3-12-516228-0

Bearbeitet von: Alexandra Rutkowska, Ian Dawson, englishCrossroads Ltd., Dr. Christiane Wirth, Torsten Lasse

Download: Corina Cristea, Vasselina Krusheva, Damian Mrowiński, Martina Levacic, A.C.T. Fachübersetzungen GmbH

1. Auflage 2024 (1,02 – 2026)

www.pons.com/kontakt

Gestaltung: Petra Michel, Essen
Satz: Satzkasten, Stuttgart
Umschlagfoto: Adobe Stock/Westend61
Logoentwurf: Erwin Poell, Heidelberg
Logoüberarbeitung: Sabine Redlin, Ludwigsburg
Druck und Bindung: Publikum d.o.o.

ISBN: 978-3-12-516404-8